우리와 함께 살아가는 곤충이야기

우리와 함께 살아가는 곤충 이야기

한영식 글 | 송병석 그림

Mirae N 아이세움

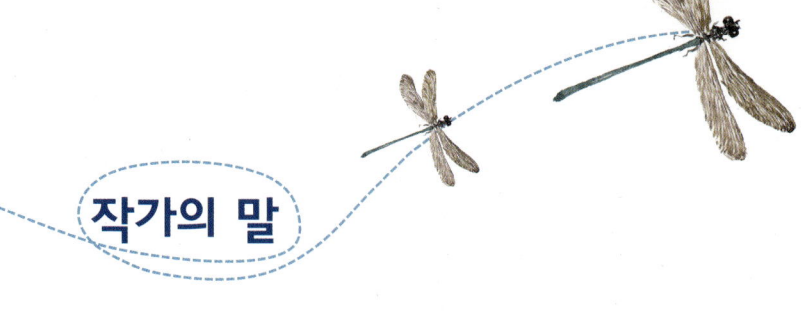

작가의 말

"톡톡."

작은 움직임이 느껴졌어요. 처음 곤충을 만난 날, 심장은 콩닥콩닥 뛰었습니다. 입가에 미소를 지으며 하루 종일 웃었지요. '관심'을 가지기 전에는 곤충들의 세상을 볼 수 없었어요. 그런데 관심을 가지고 바라보았더니 신비롭고 재미있는 곤충들의 세상이 펼쳐져 있었답니다.

눈에 잘 보이지도 않는 곤충들을 관찰한다고 말하면 사람들은 코웃음을 치는 경우가 많아요. 작은 곤충들이 하찮게 보였나 봅니다. 그때마다 마음이 편치 못했어요. 하지만 새로운 곤충들을 계속 만날 때면 자연의 신비로움에 도취되어 곤충들의 세상에 빠져들었지요. 이렇게 수없이 많은 곤충들을 만났습니다. 우리와 함께 살아가는 곤충들은 정말로 많았어요. 그래서 바로 그 이야기를 여러분에게 들려주고 싶었습니다. 곤충들 덕분에 지구의 생태계가 아름답게 유지된다는 걸 말이지요.

    곤충들은 크기가 작아 관찰하기 쉽지 않아요. 더욱이 곤충을 관찰하려면 무엇부터 해야 할지도 잘 모르지요. 그래서 이 책은 곤충을 처음으로 관찰하는 어린이들에게 곤충 관찰에 필요한 준비물부터 관찰하는 방법 그리고 곤충들의 다양한 생태 이야기까지 자세하게 소개하였습니다. 책을 다 읽고 나면 여러분도 이 이야기 속의 건우처럼 곤충 박사의 꿈을 가지게 될지도 몰라요.

    4억 년 전에 태어난 곤충은 지금도 계속 변화, 발전하고 있습니다. 4억 년 동안 갈고 닦은 고도의 적응 능력을 발휘해 지구촌 곳곳에서 우리와 함께 살고 있는 것이지요. 가까운 우리 집부터 도시에서 한참 떨어진 울창한 숲까지 곤충이 살지 않는 곳은 없답니다. 다양한 장소에 곤충이 살기 때문에 곤충을 관찰하는 일은 결코 어렵지 않아요. 관심만 가지고 시작하면 된답니다. 그럼, 지금부터 우리와 함께 살아가는 곤충의 세계로 떠나 볼까요?

2008년 6월
한영식

차례

작가의 말 … 4
건우의 꿈은 곤충학자 … 8

1. 학교에서 만나요
학교로 출발 … 14
물방울 무늬를 가진 무당벌레 … 17
서로 돕는 진딧물과 개미 … 19
나비야 나비야 … 20
오각형의 방귀쟁이 … 22
발빠른 먼지벌레 … 24
곤충 박사 따라잡기-곤충 채집법 … 26
톡톡 벼룩 곤충 … 30
꽃밭의 부지런한 일꾼 … 32

2. 뒷산에서 만나요
털북숭이 바구미의 숨바꼭질 … 38
풀잎을 좋아하는 곤충들 … 40
꽃을 좋아하는 먹보 곤충 … 46
흉내내기 선수 꽃등에 … 48
꽃이 좋아 꽃하늘소 … 52
곤충 박사 따라잡기-곤충 왕국의 왕, 딱정벌레 … 58

3. 냇가에서 만나요
돌 밑의 물속 생물들   62
연못 위의 스케이트 선수   68
물속 폭군 물방개와 드라큘라 물장군   70

4. 할머니 댁 주말농장에서 만나요
원두막에서 맛있는 수박을!   74
밤하늘을 나는 별, 반딧불이   78
곤충 박사 따라잡기—아름다운 반딧불이   80
함정을 파는 무시무시한 사냥꾼   82
시체와 똥을 처리하는 곤충   84
산길의 호랑이 안내자   86
나무를 좋아하는 곤충들   88
곤충 박사 따라잡기—숲의 천이   90
매미 합창단   95
주말 농장을 떠나며   97
곤충 박사 따라잡기—딱정벌레 표본 만들기   98

5. 누릇누릇 가을 들판에서 만나요
가을 비행사 잠자리   102
벼가 무르익는 황금빛 논   104
내년 봄에 다시 만나!   108

부록·한눈에 보는 곤충 친구들   110

건우의 꿈은 곤충학자

　우리 집에는 곤충 사진과 곤충 표본이 많이 있어요. 아들 건우는 매일 곤충을 보면서 자라서인지 유달리 곤충에 관심도 많고 질문도 많아서 대답해 주기가 바쁘지요. 작년부터는 나를 따라서 곤충 관찰 여행을 가겠다고 떼를 쓴 적이 한두 번이 아니었어요. 바쁘다는 핑계로 번번이 건우를 데려가지 못해서 미안했는데, 올해는 꼭 함께 가기로 약속했지요.

　그런데 건우는 곤충을 보려면 차를 타고 산으로 들로 멀리멀리 나가야만 한다고 생각하는 것 같았어요. 그래서 나는 우리가 사는 곳 가까이에도 얼마나 많은 곤충들이 살고 있는지 알려 주기로 마음먹었어요.

　건넌방에서 건우가 부스럭거리며 무언가를 열심히 하고 있어요. 곤충 관찰에 필요한 준비물을 챙기고 있나 봐요.

학교로 출발

아침을 든든히 챙겨 먹고, 건우와 나는 출발 준비를 했어요. 나는 아내가 싸 준 도시락을 받아 배낭에 넣었어요.

아내는 건우에게 모자를 씌워 주며 말했어요.

"건우야, 더워도 햇볕에서는 모자를 쓰고 다녀. 알았지?"

"네. 그럴게요."

아침 일찍 집을 나섰는데도 6월 초의 아침 햇볕은 제법 뜨거웠어요. 하지만 건우는 발걸음도 가볍게 바삐 걷는 모양새가 잔뜩 신이 나 보였어요.

"건우야, 날씨가 더우니까 더욱 기대되는데."

"네? 뭐가 기대되는데요?"

"오늘 곤충들을 많이 볼 수 있을 거야. 이렇게 날이 더우니까 틀림없어."

"곤충들은 더운 걸 좋아하나 봐요?"

"곤충은 변온동물이어서 날씨가 따뜻해야 체온이 적절하게 올라가서 활발하게 활동하거든."

"아, 변온동물 맞아요. 알고 있었어요."

"그럼, 아빠가 내는 퀴즈 하나 맞혀 보렴. 거미는 곤충일까 아닐까?"

"에이, 그건 정말 쉬워요. 정답은 아니다! 왜냐고요? 곤충은 몸이 머리, 가슴, 배 세 부분으로 되어 있지만, 거미는 머리가슴과 배 두 부분으로 되어 있거든요."

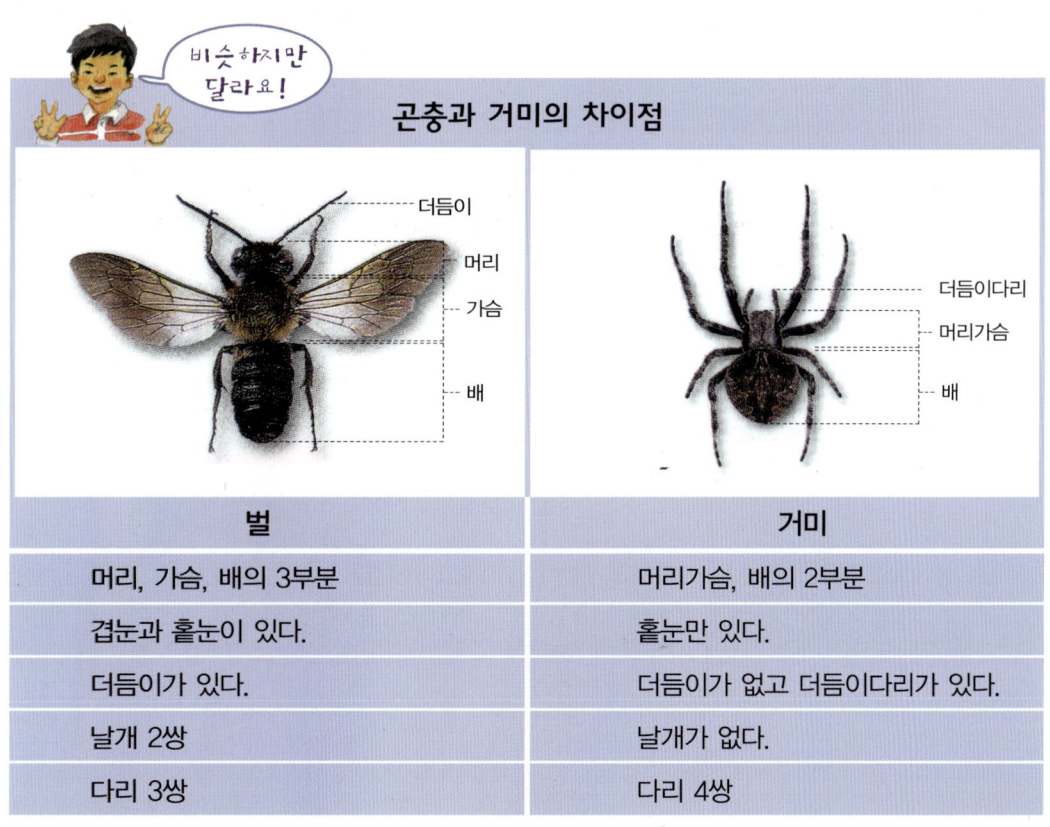

벌	거미
머리, 가슴, 배의 3부분	머리가슴, 배의 2부분
겹눈과 홑눈이 있다.	홑눈만 있다.
더듬이가 있다.	더듬이가 없고 더듬이다리가 있다.
날개 2쌍	날개가 없다.
다리 3쌍	다리 4쌍

"곤충이 탈바꿈을 하는 것도 알고 있을 거야. 알-애벌레-번데기-어른벌레로 되는 과정 말이야."

"네. 알고 있어요. 변태라고도 해요."

"그런데 모든 곤충이 네 단계를 거쳐 탈바꿈하는 걸까?"

"그건 잘 모르겠어요."

"모든 곤충이 다 그런 건 아니야. 탈바꿈에는 갖춘탈바꿈과 안갖춘탈바꿈이 있거든. 갖춘탈바꿈은 네 단계를 모두 거치는 것이고, 안갖춘탈바꿈은 번데기 단계가 없는 거란다."

갖춘탈바꿈(완전변태) : 나비, 벌, 파리, 딱정벌레 등

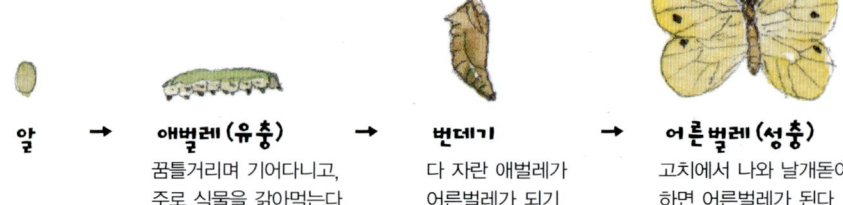

알 → 애벌레 (유충) → 번데기 → 어른벌레 (성충)
　　　꿈틀거리며 기어다니고,　다 자란 애벌레가　고치에서 나와 날개돋이를
　　　주로 식물을 갉아먹는다.　어른벌레가 되기　하면 어른벌레가 된다.
　　　　　　　　　　　　　　위해 고치가 된다.　물론 먹이도 달라진다.

안갖춘탈바꿈(불완전변태) : 메뚜기, 노린재, 잠자리 등

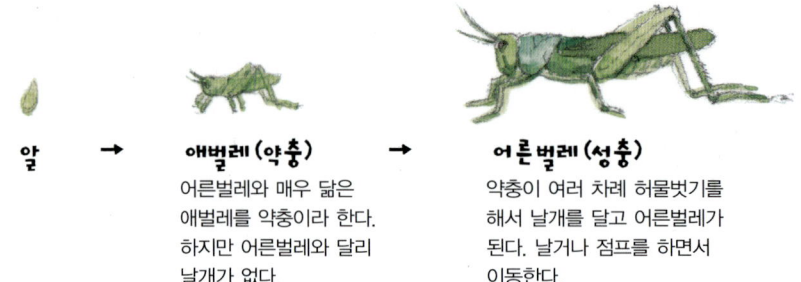

알 → 애벌레 (약충) → 어른벌레 (성충)
　　　어른벌레와 매우 닮은　약충이 여러 차례 허물벗기를
　　　애벌레를 약충이라 한다.　해서 날개를 달고 어른벌레가
　　　하지만 어른벌레와 달리　된다. 날거나 점프를 하면서
　　　날개가 없다.　　　　　　이동한다.

물방울 무늬를 가진 무당벌레

우리는 교문을 지나 화단 앞으로 갔어요. 벌노랑이, 기생초, 개망초, 금계국, 벌개미취가 줄지어 자라고 있었어요.

"찾았다! 무당벌레 잡았다!"

건우의 목소리를 듣고 가 보았어요. 건우가 발견한 건 칠성무당벌레였어요. 등에 7개의 검은 점이 있지요. 내가 이름을 알려 주자 건우는 얼른 관찰 공책을 꺼내어 기록을 하고 그림을 그리기 시작했어요.

건우가 그림을 그리는 동안 나는 주변을 둘러보며 다른 무당벌레들을 찾았어요.

칠성무당벌레
등에 검은 점이 7개이고
몸통은 붉은색 또는 주황색이다.

관찰 일지

날짜 6월 6일 **장소** 학교 화단 **관찰 대상** 무당벌레

무당벌레는 굿을 벌이 는 무당처럼 화려한 옷을 입었다고 해서 붙여진 이름이다. 옛날에는 바가지를 엎어 놓은 모양을 닮았다고 해서 됫박벌레라고도 했다.

무당벌레의 물방울 무늬는 좌우 대칭을 이룬다.

칠성 무당벌레

요건 바가지.

 **무당벌레 사진첩**

노랑무당벌레
딱지날개가 노랗고 점무늬도 없다.

큰이십팔점박이무당벌레
등에 점이 28개나 있다.
무당벌레는 거의 모두 익충인데, 이건 해충이다.

남생이무당벌레
등판 무늬가 남생이를 닮았다.
우리나라 무당벌레 중에서 가장 큰 종류이다.

단무리무당벌레
등판의 점무늬가 검은색이 아니고 흰색이다.

무당벌레 애벌레

무당벌레 번데기

서로 돕는 진딧물과 개미

유심히 나뭇잎 사이를 살피던 건우가 못생긴 곤충들이 와글와글 한데 붙어 있다면서 나를 불렀어요. 가 보니 진딧물이었어요.

"아빠, 진딧물과 개미가 서로 붙었다 떨어졌다 하며 뽀뽀를 해요."

그때 마침, 무당벌레 한 마리가 진딧물 근처에 내려앉았어요.

"건우야, 진딧물이 있는 곳엔 개미와 무당벌레가 반드시 있게 마련이야."

나는 건우에게 진딧물-개미-무당벌레의 삼각관계에 대해 설명해 주었어요.

개미는 진딧물의 꽁무니에서 나오는 단물(감로)을 받아 먹으며 살아요. 개미는 단물을 먹는 대신, 무당벌레가 진딧물을 잡아먹는 것을 막아 주는 보디가드가 돼요. 그래서 무당벌레와 개미들이 다투는 걸 종종 볼 수 있지요.

나비야 나비야

화단에는 꽃처럼 아름다운 나비들도 날아들었어요. 네발나비와 뿔나비는 모두 네발나비과에 속해요. 다른 나비들이 다리가 6개인 것과는 달리 다리가 4개뿐이지요. 어른벌레로 겨울나기를 하기 때문에 이른 봄부터 일찌감치 꽃을 찾아 날아다닌답니다.

노랑나비들도 꽃을 찾아 날아들었어요. 노랑나비는 꽤 이른 봄부터 늦가을까지 꽃이 있는 곳이라면 어

디서나 쉽게 볼 수 있어요. 건우는 포충망 쓰는 법을 연습해 보고 싶다며 조심조심 나비를 쫓기 시작했어요. 하지만 포충망을 휘두르는 솜씨가 아직 서툴러, 보고 있자니 계속 웃음만 났어요.

  나는 건우를 불러 풀잎 아래서 짝짓기를 하고 있는 노랑나비 한 쌍을 보여 주었어요. 봄여름은 많은 곤충들이 짝을 짓는 계절이에요. 짝짓는 곤충들을 만나게 되면 잡거나 방해하지 않아야겠지요.

다리가 4개밖에 없는 네발나비(위)와
다리가 6개인 보통 나비(아래)

짝짓기 하는 노랑나비

오각형의 방귀쟁이

화단 쪽으로 창문이 나 있는 교실의 창틀 아래에는 불빛을 보고 날아온 나방과 뚫려 있는 곳인 줄 알고 지나가다 틈새에 낀 노린재가 죽어 있었어요.

어디선가 노린재 한 마리가 날아왔어요. 알락수염노린재였어요. 노린재는 식물의 즙을 빨아 먹고 살기 때문에 식물이 있는 곳이면 어디서나 흔하게 볼 수 있어요.

"건우야, 노린재는 지독한 냄새가 나니까 조심해야 해."

호기심 많은 건우는 알락수염노린재를 잡았다가 내 말을 듣고는 얼른 놓아 버렸지요. 노린재는 가슴샘에 냄새 물질을 저장하고 있다가 위급한 상황이 닥치면 내보낸답니다. 노린재의 분비물은 냄새가 고약해서 잘 없어지지 않지요.

관찰 일지

| 날짜 6월 6일 | 장소 학교 화단 | 관찰 대상 노린재 |

노린재의 별명은 방귀벌레. 노린재는 어떤 때 방귀를 뀔까?

적이 나타났을 때 몸을 보호하기 위해

짝짓기 상대를 유인하기 위해

친구 노린재에게 위험을 알리기 위해

몸속에 생긴 노폐물을 밖으로 내보내기 위해

찰칵찰칵  노린재 사진첩

알락수염노린재

광대노린재

우리가시허리노린재

큰허리노린재

홍비단노린재

톱다리개미허리노린재

발빠른 먼지벌레

배꼽 시계가 점심 시간을 알렸어요. 우리는 학교 벤치에 앉아 싸 온 도시락을 맛있게 먹어 치웠어요. 초여름 더위가 한여름 못지 않았지만 우리는 더운 줄도 모르고 조그만 친구들을 보는 재미에 빠져 있었어요.

점심을 다 먹고 앉아서 쉬려고 하니 솔솔 졸음이 몰려 왔어요. 건우는 벌써 내 다리를 베고 누웠어요. 졸음을 쫓으려고 휘파람을 불고 있는데, 무엇인가 내 발밑을 휙 지나갔어요.

"앗! 먼지벌레다."

나도 모르게 소리를 질렀어요.

"음, 뭐라고요?"

풋잠에 들었던 건지 건우는 금세 눈을 떴어요. 나는 벤치 다리 아래 풀잎을 가리키며 먼지벌레가 거기에 숨었다고 알려 주었어요.

건우가 슬그머니 풀잎을 옆으로 치웠더니 먼지벌레 한 마리가 놀라서 후다닥 도망쳤어요. 건우도 질세라 재빨리 채집통을 꺼내 들고 먼지벌레를 잡겠다며 호들갑을 떨었지만, 발이 빠른 먼지벌레를 잡을 수 없었어요.

　먼지벌레는 걸어다니기에 알맞게 다리가 잘 발달되어 있어서 행동이 아주 민첩해요. 그런 먼지벌레가 초보 채집가 건우에게 쉽게 잡힐 리 없지요. 그래서 나는 건우에게 먼지벌레를 쉽게 채집하는 법을 알려 주었어요. 먼지벌레가 도망가는 앞쪽에 채집통을 가져다 대면 블랙홀처럼 쏙 빨려들어 가요. 어두운 구석을 좋아하기 때문에 채집통이 안전한 줄 알고 그 속으로 숨는 거랍니다.

먼지벌레
이름에 걸맞게 빠른 발로 달아나면서 먼지를 잔뜩 일으킨다.

곤충 박사 따라잡기 — 곤충 채집법

1. 포충망 채집법

포충망을 이용하여 곤충들이 날아가거나 앉아 있을 때 휘둘러서 채집하는 방법이다. 곤충들이 사는 높이가 다양하기 때문에 10m가 넘는 포충망도 있다. 나비를 채집하는 경우에는 나비의 날개가 손상되기 쉽기 때문에 망이 부드러운 것이 좋으며, 딱정벌레를 채집하려면 질긴 천으로 된 망을 쓰는 것이 좋다. 포충망의 크기는 클수록 좋다.

① 재빨리 휘둘러 포충망 안에 곤충이 걸려들게 한다. 앉아 있는 곤충은 포충망 그물을 붙잡고 덮어 씌운다.

② 그대로 위쪽으로 걷어올린다.

③ 그물이 접히게 해서 곤충이 달아나지 못하게 한다.

④ 나비처럼 연약한 곤충은 그물 밖에서 조심스럽게 잡은 채 꺼내야 한다.

2. 함정 채집법

딱정벌레, 먼지벌레, 송장벌레와 같은 야행성 곤충은 함정을 만들어 채집하는 것이 좋다. 종이컵이나 유리병에 썩은 고기나 당밀(포도주와 설탕을 섞은 것)을 넣고 나서 병의 입구가 땅바닥과 수평이 되도록 묻는다. 습한 것을 좋아하는 딱정벌레류의 습성에 맞추어 부엽토가 쌓인 곳에 묻는 것이 좋고 묻은 자리는 잘 표시하거나 기억해 두어야 한다. 냄새를 맡고 병 속으로 들어간 곤충들은 종이컵과 유리병이 미끄럽기 때문에 밖으로 나오지 못하고 잡힌다.

3. 유인 채집법

곤충을 직접 눈으로 보고 채집하기 힘들 때 쓰는 방법이다. 유인 장소는 나무즙(수액)이 많이 흐르는 숲 속의 나무로 정하는 것이 좋다. 나무즙을 좋아하는 곤충들은 과일을 좋아하기 때문에 바나나를 나무에 발라 놓고 며칠 후에 가 보면 후각이 발달한 사슴풍뎅이, 꽃무지, 바구미, 사슴벌레, 장수풍뎅이 들이 모여든 것을 볼 수 있다. 양파망에 바나나를 넣어서 걸어 두어도 된다.

4. 관찰 채집법

눈으로 이곳저곳을 살피면서 채집하는 방법으로, 사진을 촬영하려고 한다면 가장 좋은 채집법이다. 눈으로 곤충을 찾은 후에 사진을 찍으면 되고, 필요한 경우 채집통에 넣고 좀 더 관찰할 수도 있다.

5. 털어잡기 채집법

나무의 꽃이나 잎에 모이는 곤충들을 채집하기 위한 방법이다. 막대기로 나뭇가지를 두드려서 떨어지는 곤충을 잡는다. 아래에는 우산이나 흰 천 따위를 깔아 놓는다. 잘못해서 벌집이 있는 나무를 건드리지 않도록 조심해야 한다.

6. 등화 채집법

야행성 곤충들이 불빛에 유인되어 날아오는 것을 이용해 채집하는 방법이다. 밤에 활동하는 곤충들은 별빛이나 달빛을 기준으로 움직이는데, 가까운 곳에 수은등과 같은 불빛이 있으면 그것을 달빛이나 별빛으로 잘못 알고 돌진하는 것이다.

7. 수서곤충 채집법

반두(족대)나 뜰채를 이용해서 하천이나 호수 바닥의 곤충들을 채집하는 방법이다. 반두를 이용할 때는 물 아래쪽에 반두를 고정시키고 물 위쪽부터 바닥을 헤집으면서 내려온다. 직접 들어가기 힘든 호수의 경우에는 뜰채로 떠서 채집할 수 있다. 뜰채는 물살이 빠른 곳보다는 물이 고여 있는 연못이나 저수지에 적합하다. 반두나 뜰채가 없을 경우, 포충망을 이용할 수도 있다.

톡톡 벼룩 곤충

햇볕이 무척 따가워서 우리는 나무가 많은 공원으로 가기로 했어요. 공원은 학교 뒷문으로 나가서 5분만 걸어가면 있어요.

공원에도 토끼풀, 개망초, 벌개미취, 벌노랑이 같은 꽃들이 활짝 피어 있었답니다. 꽃이 많은 곳도 곤충 천국이지요.

"건우야, 꽃밭에서 팔짝팔짝 뛰는 곤충을 찾아봐."

건우는 마치 나비라도 된 것처럼 이 꽃 저 꽃 사이를 누비고 다녔어요.

"아빠, 찾긴 찾았는데 잡을 수가 없어요. 도와주세요."

"그럼, 초보자에게 잡힐 꽃벼룩이 아니지."

나는 어깨를 으쓱 하곤 건우에게 시범을 보였어요. 익숙한 동

작으로 꽃벼룩과 점날개잎벌레를 잡아 보였지요. 두 곤충 모두 크기가 5밀리미터 정도밖에 안 되고, 꽃을 먹고 살아요. 또, 뒷다리에 있는 도약기로 톡톡 뛰어다니기 때문에 잡기가 무척 어려워요. 꽃벼룩과 잎벌레를 잡으려면 꽃에서 뛰어내리기 전에 손을 재빨리 휘둘러 잡아야 해요.

　나한테서 배운 꽃벼룩 채집법을 열심히 연습해 보고 있던 건우가 갑자기 소리를 질렀어요.

꽃벼룩
뒷다리를 이용해서 툭하고 뛰어내리기를 잘해서 '텀블링딱정벌레' 라고도 한다.

점날개잎벌레
꽃벼룩처럼 뜀뛰기 선수이다.

꽃밭의 부지런한 일꾼

"으악! 여기 벌이 있어요. 쏘려고 해요. 살려 줘요!"
"건우야, 움직이지 마. 그냥 그대로 서 있어."
　내가 건우한테 가는 사이 벌은 다른 데로 날아가 버렸어요. 사실, 벌은 자신에게 해를 주지 않으면 공격하지 않아요. 그러니 벌을 만나면 얼음이라도 된 것처럼 무조건 가만히 있어야 안전해요. 무섭다고 이리저리 팔을 휘두르다 오히려 벌침에 쏘일 수 있어요.

건우 옆에 날아온 건 꽃에서 열심히 꿀을 모으던 꿀벌이었어요. 꿀벌은 사람들처럼 사회를 이루어 살아가는 사회성 곤충이에요. 꿀벌 사회는 여왕벌 한 마리에 적은 수의 수벌, 그리고 많은 수의 일벌로 구성되어 있어요. 여왕벌은 보통 3~4년을 살면서 하루에 2000~3000개 이상의 알을 낳아요. 수벌이 하는 일은 딱 한 가지, 여왕벌과 짝짓기를 하는 거지요. 꿀을 모으거나 집안을 돌보는 나머지 모든 일은 일벌이 한답니다.

꿀벌은 배 속에 박혀 있는 침 끝이 갈고리 모양이어서, 침을 한 번 쏘고 나면 갈고리 모양 침이 내장을 찔러 죽고 말아요. 하지만 말벌이나 여왕벌은 달라요. 이 벌들은 침이 곧기 때문에 여러 번 쏠 수 있어요. 간혹 성묘를 갔다가 땅벌(말벌류)에게 쏘여 죽는 사람이 생기는 것도 이런 까닭이에요.

꿀벌

여왕벌

땅벌

장수말벌

꿀벌은 춤을 잘 추는 것으로도 유명하지요. 하지만 아무런 까닭없이 춤을 추는 건 아니에요. 동료들에게 꿀이 있는 곳을 알려 주기 위해 춤꾼이 되는 거예요. 꿀이 가까운 곳에 있으면 빙글 돌면서 원형 춤을 추게 되고, 멀리 있으면 꼬리로 8자 모양을 그리며 춤을 추게 되지요. 꿀벌이 공중에서 원형춤이나 8자 춤을 추는 것은 태양을 기준으로 어떤 각도로 날아가라는 것을 알려 주는 거랍니다.

벌집을 중심으로 위쪽 방향에 꿀이 있을 때 똑바로 서서 8자춤을 춘다.

벌집을 중심으로 30도 각도 방향에 꿀이 있을때 30도 기울어져서 8자춤을 춘다.

왼쪽 90도 방향에 꿀이 있을 때 왼쪽을 향하여 8자춤을 춘다.

벌집을 중심으로 아래 방향에 꿀이 있을 때 몸을 거꾸로 하고 8자춤을 춘다.

100미터 이내의 가까운 곳에 꿀이 있을 때 원형춤을 춘다.

"건우야, 오늘 관찰 학습은 어땠니?"
"정말 재미있었어요. 우리가 사는 곳에서 가까운 데에도 곤충이 정말 많아요."
"다음 주에는 뒷산으로 가서 더 많은 곤충들을 만나 보자꾸나."
"와, 신 난다! 벌써부터 기대가 돼요."
좋아하는 건우를 바라보며 나는 아주 흐뭇했어요.

2. 뒷산에서 만나요

털복숭이 바구미의 숨바꼭질

아침부터 건우가 콧노래를 부르며 다녔어요. 건우는 긴 셔츠에 긴바지를 입고 있었어요. 곤충을 관찰하러 가기에 편한 차림새였지만 한 가지가 빠졌네요. 나는 얼른 모자를 씌워 주었어요. 모자는 햇볕도 가리고 눈이 나뭇가지에 찔리는 것도 방지해 주기 때문에 꼭 필요하답니다.

나는 창 밖을 보면서 날씨를 살폈어요. 혹시라도 흐린 날에는 우산을 준비해야 하기 때문이에요. 다행히 날씨는 맑았어요.

우리 집 뒤편에는 야트막한 산이 있어요. 주택가 주변에 있어서 사람들이 운동 삼아 가볍게 등산하기에 맞춤한 산이에요.

털보바구미
주둥이가 길어서 별명이 주둥이딱정벌레이다. 잎 뒤로 숨는 게 특기이다

산길을 오르다 국수나무 꽃이 핀 곳을 지날 때였어요. 바구미가 국수나무 잎의 뒷면으로 돌아가 숨는 것이 보였어요. 건우에게 나뭇잎 뒷면에 숨은 털보 곤충을 찾아보게 했어요. 건우는 이 잎 저 잎 뒤적거리더니 찾았다며 자랑스럽게 털보 곤충을 손가락으로 가리켰어요.

내가 찾으라고 한 건 털보바구미였어요. 나는 주머니에서 돋보기를 꺼내 털보바구미의 털을 확대해 건우에게 보여 주었어요. 건우는 "억센 털이 정말 많다!"라며 놀라워했어요.

바구미들이 잎 뒤로 숨는 건 천적으로부터 도망가기 위한 거지요. 미처 숨지 못하고 들키면 어떻게 할까요? 죽은 척하기! 이걸 '의사 행동'이라 해요. '의사'가 '죽은 척'이란 뜻에요. 그럴싸하게 죽은 척하고 있으면 움직이는 것만 잡아먹는 새와 같은 천적들은 포기하고 가 버리지요.

혹바구미
혹바구미를 잡아 탁자 위에 올려놓았더니 죽은 척 꼼짝않고 누워 있다.

풀잎을 좋아하는 곤충들

꽃나무 길을 따라 산 중턱에서 조금 못 미치는 곳에 제법 너른 들판이 펼쳐졌어요.

"건우야, 우리 여기에서 누가 먼저 곤충 두 마리를 잡나 내기할까?"

"좋아요!"

건우는 말이 채 끝나기도 전에 풀밭으로 뛰어 들어갔답니다. 잠시 뒤, 우리는 제자리로 돌아왔어요. 건우가 채집통에 든 곤충을 먼저 꺼냈어요. 건우는 자랑스럽게 예쁜 빛깔의 노랑가슴녹색잎벌레와 남색초원하늘소를 꺼냈어요. 잎벌레류는 잎을 먹으면서 사는 해충으로 잎딱정벌레라고도 불리지요.

나도 한 마리를 먼저 꺼냈어요.

"에계, 무당벌레잖아요."

"하하하. 네가 그렇게 말할 줄 알았지. 이건 큰남생이잎벌레라는 거란다. 무당벌레와 무척 닮았지?"

큰남생이잎벌레

나는 사진기로 찍어 둔 무당벌레 사진을 확대해 잎벌레와 구별하는 방법을 자세하게 설명해 주었어요. 건우는 그제야 고개를 끄덕였어요.

비슷하지만 달라요!

무당벌레과 잎벌레 차이점

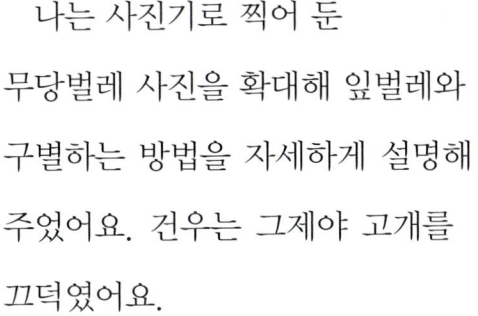

무당벌레	잎벌레
몸이 원형이다.	타원형 (남생이잎벌레류는 원형)
더듬이가 매우 짧고, 끝이 곤봉처럼 생겼다.	더듬이가 실 모양이고 대부분 몸길이만큼 길다.
다리가 짧아 몸통 바깥으로 잘 보이지 않는다.	다리가 몸 밖으로 길게 나온다.

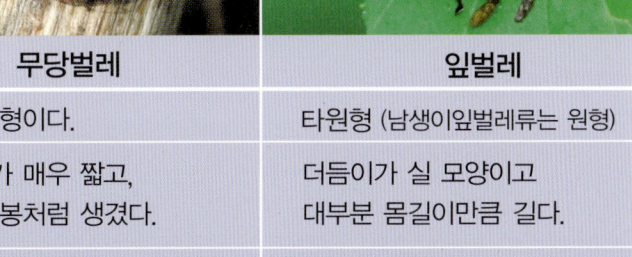

노랑가슴녹색잎벌레

남색초원하늘소

대유동방아벌레

내가 나머지 한 마리를 꺼내려고 채집통을 열자마자 순간 툭 하고 방아벌레가 달아나 버렸어요. 내가 잡은 건 몸통이 온통 붉은 대유동방아벌레였어요.

방아벌레는 큰 배 부분을 가슴 쪽으로 끌어당기듯 접었다 펴면서 튀어 올라요. 우리나라 사람들에게는 그 소리가 마치 방아 찧는 소리처럼 들렸나 봐요. 톡톡 소리를 내며 튀어 오르는 방아벌레의 뜀뛰기 솜씨를 건우에게 보여 주려고 했는데 아쉬웠지요.

건우는 달아난 대유동방아벌레를 찾겠다며 온 들판을 다 뒤질 기세였어요. 나는 톡톡 튀어 도망을 잘 다니는 방아벌레를

코마로브집게벌레 암컷
집게는 적으로부터 자신을 방어하기 위한 수단이다. 자기보다 작은 곤충을 먹고 산다. 꽁무니 집게 중간에 볼록 튀어나온 마디가 없는 것이 암컷이다.

다시 잡기는 어려울 거라고 건우를 설득해서 다른 곳으로 자리를 옮겼어요. 그곳에 있는 꽃나무의 아랫부분에서 꽁무니에 커다란 집게가 달린 집게벌레를 발견했어요. 우리나라에서 집게가 가장 긴 고마로브집게벌레였어요. 고마로브집게벌레는 5, 6월이면 우리나라의 산 어디서나 흔하게 볼 수 있지요.

고마로브집게벌레 수컷

나무 위쪽을 쳐다보던 건우가 이상한 것이 있다면서 손가락으로 가리켰어요. 왕거위벌레가 지금 막 나뭇잎을 말아 요람을 만들고 있었어요. 거위벌레류는 알을 낳기 위해 요람을 만들어요. 잘 만든 요람 속에 알을 낳고, 알은 애벌레가 되어 요람을 먹으면서 안전하게 자라 어른벌레가 돼요. 거위벌레가 얼마나 영리한지,

왕거위벌레

요람 만드는 과정을 한번 살펴볼까요?

①  ②  ③  ④  ⑤

① 잎 전체를 훑어본 후, 잎 가장자리에서 큰 잎맥 안쪽 방향으로 자른다.

② 작은 잎맥들에 흠집을 내서 잎을 밖으로 접고 잎의 끝부분으로 이동한다.

③ 잎을 위로 둘둘 한두 번 만다. 구멍을 뚫어 알을 낳은 후, 다시 말아 올린다.

④ 잎을 끝까지 둘둘 말아서 요람을 완성시킨다.

⑤ 남아있는 큰 잎맥을 잘라서 요람을 떨어뜨린다.

앞서 본 바구미와 거위벌레는 모두 풀숲에서 사는데다 머리 부분이 길쭉해서 얼핏 보기엔 같은 곤충으로 오해할 수 있어요. 하지만 이 두 곤충도 간단히 구별할 수 있지요.

건우가 신기한 듯 거위벌레를 보고 있는 동안 나는 다른 곤충이 있는지 살펴보았어요. 앗! 아니나 다를까, 염려한 대로 다른 곤충의 목숨을 노리는 자객 곤충이 보였어요. 자객 곤충은 침노린재에 속하는 종류예요. 길목에서 먹잇감을 기다렸다가 주둥이에 있는 기다란 침으로 찔러 피를 빨아 먹는답니다. 내 설명을 듣던 건우는 소름이 끼치는지 얼굴을 찡그렸어요.

침노린재

비슷하지만 달라요!

거위벌레와 바구미의 차이점

거위벌레	바구미
기다란 목 끝에 눈이 달려 있다. 거위나 기린처럼 목이 길다고 보면 된다.	눈은 그대로 있고 입이 삐죽하게 길다. 코끼리처럼 코가 늘어난 것으로 보면 된다.
더듬이가 일자로 쭉 뻗어 있다.	더듬이가 ㄱ자 모양이다.

꽃을 좋아하는 먹보 곤충

저편에는 조팝나무가 눈꽃처럼 새하얀 꽃을 피우고 있었어요. 건우는 마치 눈밭의 강아지라도 된 것처럼 조팝나무 주변을 둘러보며 좋아했어요. 조팝나무 옆에는 산사나무와 국수나무도 꽃을 활짝 피우고 있었어요. 이렇게 꽃나무가 많은 곳에서는 꽃무지, 꽃하늘소, 꽃벼룩, 풍뎅이, 가뢰처럼 꽃을 좋아하는 곤충들을 만날 수 있어요.

조팝나무 꽃에는 꽃가루를 너무나 좋아하는 풀색꽃무지가 있었어요. 꽃이 있는 곳이라면 어디서나 쉽게 만날 수 있는 곤충이 바로 꽃무지랍니다. 거의 꽃 속에 파묻혀 살다시피 하기 때문에 꽃무지라는 이름을 얻었답니다.

풀색꽃무지
우리나라에서 가장 흔한 꽃무지 종류로, 꽃가루를 먹고 살지만 거의 꽃잎까지 씹듯이 먹어 치운다.

꽃가루 먹보 풀색꽃무지 외에도 벌을 닮은 호랑꽃무지와 몸통이 검은 검정꽃무지도 정신없이 꽃을 먹고 있었어요.

먹보 곤충 꽃무지의 애벌레는 '굼벵이'라는 이름으로 불려요. 우리나라 사람들은 굼벵이 하면 매미의 애벌레로 알고 있지만, 본디 굼벵이는 흰점박이꽃무지의 애벌레를 가리켜요. 그런데 이 굼벵이는 대단히 특이한 특성을 지니고 있어요. 몸이 유별나게 원통 모양인데다 짧은 다리가 몸 옆면에 붙어 있어 기어다닐 수가 없어요. 그래서 등으로 기어다닌답니다. 이는 세계 어느 곳에 사는 꽃무지의 애벌레라도 마찬가지예요.

흉내내기 선수 꽃등에

"악! 또 벌이 왔어요!"

건우는 소리를 지르긴 했지만, 아까 내가 일러준 말을 기억하는지 몸은 얼음처럼 얼어붙어 있었어요. 그런데 건우를 얼어붙게 만든 건 벌이 아니라 꽃등에였어요. 꽃등에는 파리류에 속하기 때문에 침이 없어서 쏠 수가 없답니다. 그리고 자세히 보면 날개도 1쌍이기 때문에 2쌍인 벌과 구분하기 쉽지요.

꽃등에는 자신을 노리는 천적이 나타나면 벌 흉내를 내요. 모

꽃등에

습뿐 아니라 날갯짓 소리도 벌과 매우 비슷해, 천적은 꽃등에를 벌인 줄 알고 피하게 되지요.

꿀벌과 꽃등에의 차이점

꿀벌	꽃등에
벌 무리에 속한다.	파리 무리에 속한다.
더듬이가 ㄱ자 모양이다.	더듬이가 매우 짧다.
날개가 2쌍이다.	날개가 1쌍이다. (1쌍은 퇴화됨)
입은 빠는 입이다.	입은 핥는 입이다.
겹눈은 서로 떨어져 있다.	겹눈이 서로 붙어 있다.
침이 있어서 쏜다.	침이 없어서 쏘지 못한다.

이처럼 곤충뿐 아니라 동물들이 자신의 몸을 보호하거나 감쪽같이 숨어서 먹잇감을 사냥하기 위해 주변 사물이나 다른 동물의 생김새를 본뜨는 것을 '의태'라고 해요. 의태에는 크게 두 가지가 있어요.

하나는 주변 환경과 비슷한 생김새나 몸색깔을 지녀 눈에 잘 띄지 않게 하는 방법이에요. 나뭇가지를 닮은 자벌레나 대벌레의 의태가 여기에 해당하지요.

자나방의 애벌레인 자벌레

대벌레

다른 하나는, 독침이나 악취 또는 무기를 지닌 곤충들의 생김새를 닮는 방법이에요. 어떤 곤충이 어떤 곤충을 닮는지 한번 알아볼까요?

1. 침을 지닌 꿀벌이나 말벌을 닮는다.

꿀벌을 닮은 꽃등에

말벌을 닮은 호랑하늘소

2. 개미를 닮는다.

톱다리개미허리노린재 약충

긴다리범하늘소

3. 맛이 없는 물질을 내는 무당벌레의 붉은색이나 새똥을 닮는다.

열점박이별잎벌레

홍날개

새똥하늘소

꽃이 좋아 꽃하늘소

국수나무의 탐스런 꽃을 좋아하는 곤충이 또 있어요. 그건 바로 꽃이나 꽃가루를 먹고 사는 꽃하늘소류예요. 그런데 내가 꽃하늘소를 발견한 건 국수나무 곁에 있는 다른 나무에서였어요. 긴알락꽃하늘소였는데, 이 녀석은 꽃가루를 실컷 먹고 쉬고 있는 것처럼 보였지요.

"이 녀석 정말 멋지게 생겼는걸! 긴알락꽃하늘소야, 아주 잠깐만 내 그림의 모델이 되어 줘."

나는 건우가 꽃하늘소를 관찰통 속에 넣기 전에 사진을 찍어

두었어요. 건우는 그림을 다 그리고 나서 꽃하늘소를 국수나무 꽃 속에 놓아 주었어요.

꽃하늘소는 꽃에 모이는 대표적인 곤충으로 꽃이 핀 나무라면 어디든지 옮겨 다니며 꽃가루를 먹지요. 꽃보다도 화려한 빛깔을 자랑하기 때문에 꽃하늘소를 좋아하는 사람들이 매우 많답니다.

한참 그림을 그리던 건우는 뭔가를 발견하곤 마구 웃어 댔어요. 바로 알통다리하늘소붙이 수컷이었어요. 이름에서 알 수 있듯이 뒷다리에 통통한 알통이 발달해 있어요. 하지만 암컷의 뒷다리에는 알통이 없지요.

이름에 '붙이'라는 말이 있지요? 그건 진짜 하늘소가 아니고, 하늘소를 아주 많이 닮았기 때문에 붙인 말이에요. 그래서 하늘소붙이를 '가짜 하늘소'라고도 하지요.

곤충의 이름을 지을 때는 생김새를 본따는 경우가 많아요. 가장 대표적인 몇 가지만 알아보아요.

닮은 동물이나 식물의 이름을 앞에 덧붙인다.
거위벌레, 메추리노린재, 참콩풍뎅이, 풋사과하늘소

'-붙이': 생김새가 매우 닮았다는 뜻
개미붙이, 사마귀붙이, 하늘소붙이, 방아벌레붙이

'장수-', '왕-', '-장군':
크고 힘이 세다는 뜻
대왕박각시, 물장군, 왕사슴벌레, 장수풍뎅이

'털-', '털보-', '아이누-':
털이 많다는 뜻
털보바구미, 털두꺼비하늘소, 아이누길앞잡이

관찰 일지

날짜 6월 14일 **장소** 동네 뒷산 중턱 들판

관찰 대상 꽃보다 아름다운 하늘소

더듬이가 11~12마디 정도로 매우 길기 때문에 긴뿔딱정벌레라고도 한다. 하늘소는 우리나라에만 300종 넘게 살고 있으며, 종류마다 사는 곳과 먹이가 다르다.

찰칵찰칵 하늘소 사진첩

꽃하늘소

긴알락꽃하늘소

붉은산꽃하늘소

열두점박이꽃하늘소

국화하늘소

깨다시하늘소

녹색하늘소

장수하늘소

무늬소주홍하늘소

해가 뉘엿뉘엿 지려고 했어요. 더운 날씨도 아랑곳 않고 곤충을 관찰하는 건우는 정말 이다음에 커서 파브르 같은 훌륭한 곤충학자가 될 수 있을 것 같았어요.

건우와 나는 집으로 돌아갔어요. 집 안에 들어서자마자 건우는 관찰 공책을 꺼내 그림부터 그리려고 했어요.

"건우야, 손부터 씻어야지. 산에는 병원균을 옮기는 생물들이 많이 살기 때문에 산에 갔다 오면 꼭 손을 씻어야 해."

건우가 손을 씻는 동안, 나는 건우에게 보여 줄 사진을 프린터로 출력했어요. 건우가 알통다리하늘소붙이의 알통을 보더니 또 키득거리며 웃었어요.

어느새 밤이 찾아왔고, 피곤했던 탓인지 건우는 일찍 꿈나라로 갔어요. 꿈속에서도 신기한 곤충들을 만났는지 계속 키득거리며 웃는 것이 정말 귀엽고 행복해 보였지요.

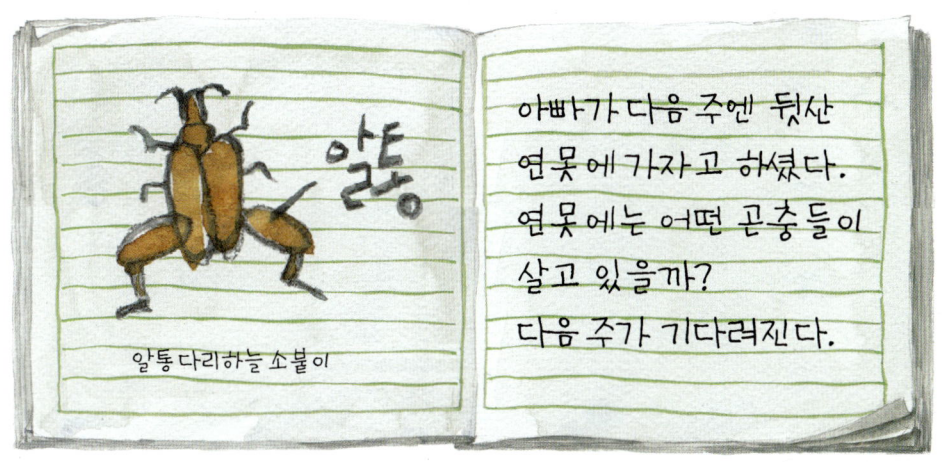

곤충 박사 따라잡기 — 곤충 왕국의 왕, 딱정벌레

딱정벌레는 딱딱한 등껍질을 가지고 있는 곤충 전체를 말한다. 한자어로는 갑충(甲蟲)이라고 부른다. 단단한 딱지날개 덕분에 몸을 잘 보호할 수 있어서 전체 곤충의 40퍼센트를 차지할 정도로 매우 번성하였다. 영국의 한 생물학자가 "신은 딱정벌레를 지나치게 좋아한다."는 말을 남길 만한 것이다. 우리나라에만도 3000종이 넘는 딱정벌레가 있는 것으로 알려져 있다.

우리가 지금까지 만나 본 곤충들과 앞으로 보게 될 더 많은 곤충 무리가 딱정벌레 무리에 속한다.

조금 어렵지만 곤충을 분류하는 체계를 살펴보면 딱정벌레 무리에 얼마나 많은 곤충들이 있는지 분명하게 알 수 있다.

동물계 – 절지동물문 – 곤충강 – 딱정벌레목

'계'가 가장 큰 분류 단계이고, 오른쪽으로 갈수록 단계가 낮아진다. 우리가 흔히 말하는 '곤충'이나 '딱정벌레류'라는 용어는, 분류학적으로 보면 각각 '곤충강'과 '딱정벌레목'을 가리키는 것이다.

'목' 아래의 분류 단계는 '과'이다. 그럼, 딱정벌레목에 속하는 곤충들을 살펴보자.

사슴벌레과

장수풍뎅이과

하늘소과

무당벌레과   딱정벌레과   길앞잡이과

풍뎅이과   꽃벼룩과   물방개과

바구미과   먼지벌레과   잎벌레과

이밖에도 수많은 딱정벌레목의 곤충들이 있다. 지금까지 발견된 것만 35만여 종이고, 발견하지 못한 것까지 합하면 수백만 종에 이를 것으로 추측된다. 좀 더 구체적으로 '장수하늘소'의 분류를 알아보면 다음과 같다.

동물계-절지동물문-곤충강-딱정벌레목-하늘소과-하늘소속-**장수하늘소**

여기에서 알 수 있듯이, 장수하늘소, 왕사슴벌레, 알락수염노린재, 칠성무당벌레 따위의 곤충 이름은 가장 마지막 단계의 '종명'을 가리킨다.

3. 냇가에서 만나요

돌 밑의 물속 생물들

건우는 이제 준비물을 챙기는 데 제법 익숙해졌어요. 내 도움이 없어도 배낭을 척척 꾸렸지요.

우리는 뒷산 냇가로 출발했어요. 7월 여름 날씨가 매우 더웠지만 나무들이 그늘을 만들어 주어서 땀을 식힐 수 있었어요. 나는 숨차 하는 건우에게 시원한 얼음물을 건넸어요. 우리는 물을 마시곤 힘을 내어 정상까지 올라갔어요. 산꼭대기에서 부는

시원한 바람이 기분을 상쾌하게 만들어 주었어요.

높지 않은 뒷산이지만 더위에 산을 오르는 건 쉽지 않았어요. 하지만 땀을 흠뻑 흘리고 나니 오히려 정신도 맑아지고 몸도 가벼워지는 느낌이 들었어요.

정상 너머로 조금 내려가니 맑은 시냇물이 흐르고 있었어요. 요사이 비가 많이 와서인지 물이 꽤나 불어 있었어요. 물속에 사는 수서곤충을 많이 만날 수 있을 것 같았어요. 건우와 나는 얼른 시냇가로 가 보았어요.

"건우야, 물에 사는 곤충에는 무엇이 있을까?"

"음, 물방개, 소금쟁이……."

건우는 수생곤충에 대해 잘 모르는 것 같았어요.

수생곤충에는 일생 동안 물속 생활을 하는 것, 애벌레와 번데기 시기에만 물속에서 사는 것, 이동하거나 겨울나기를 할 때만 물을 떠나는 세 종류가 있어요. 우리는 직접 물속을 관찰하면서 어떤 곤충이 있는지 살펴보기로 했어요. 신발과 양말을 벗고 미끄러지지 않게 조심조심 물속으로 들어갔어요.

물속의 돌 하나를 살며시 들추어 보았어요. 긴 꼬리가 달린 곤충이 보였어요. 건우에게 이 곤충이 하루살이의 애벌레라고 말해 주었지만 건우는 하루살이가 왜 물속에 사냐고 되물었어

하루살이 애벌레

요. 하루살이는 애벌레로 1~2년간 물속에 살아요. 바위나 자갈에 붙은 물질이나 작은 물풀을 갉아 먹으면서요.

다 자란 하루살이

건우에게 다 자란 하루살이를 찾아서 보여 주었는데도 건우는 여전히 아리송해하는 표정이었어요. 아마도 건우가 알고 있는 건 깔따구인 듯했어요. 깔따구는 요즘 체력 단련장과 휴식처로 많이 이용되는 생활 하천 주변에서 쉽게 볼 수 있어요. 크기가 아주 작고, 떼를 지어 날아다니지요. 그렇지만 진짜 하루살이는 꼬리돌기 3개가 길게 나온 모양으로 깔따구와는 전혀 다르게 생겼지요.

깔따구

우리 동네 뒷산은 주민들이 아끼고 많이 찾는 곳이에요. 이곳에서 오래 산 토박이들이 많아서인지 푸른 녹지와 깨끗한 공기를 제공하고 등산과 산책할 수 있는 공간이 되는 이 작은 뒷산이 얼마나 소중한 곳인지 잘 알지요. 이렇게 가꾼 곳이어서인지 이 작은 시내도 물이 무척 맑아요. 건우와 나는 플라나리아와 옆새우를 어렵지 않게 볼 수 있었어요. 제법 커다란 돌 하나를 들어 보았어요. 가재 한 마리가 커다란 집게발을 흔드는 바람에 깜짝 놀랐지요.

건우에게 꼭 보여 주고 싶은 수서생물이 있는데 아직 찾지 못했어요. 돌 밑에 감쪽같이 집을 짓고 사는 날도래예요. 얼핏 봐선 돌과 구분해 내기 힘들지요. 그런데 드디어 찾았어요.

"이 돌멩이 좀 봐. 뭐가 붙어 있는지 알아보겠니?"

플라나리아
반으로 자르면 금세 2마리가 생겨날 정도로 재생 능력이 뛰어나다.

옆새우
특이하게도 옆으로 헤엄친다.

가재

"그냥 돌멩이처럼 보여요. 아, 그러고 보니, 여기가 조금 달라 보여요."

"그래. 이건 날도래 애벌레가 집을 지은 거야. 날도래 애벌레는 피부가 얇기 때문에 돌 조각이나 나뭇가지 따위를 붙여 집을 만들고는 그 속에 들어가 자기 몸을 보호해."

날도래 애벌레의 집

"튼튼한 집을 척척 알아서 짓다니! 굉장히 똑똑한걸요."

다 자란 날도래

건우는 날도래 애벌레가 대견하다는 표정을 지어 보였어요.

플라나리아, 옆새우, 가재, 날도래, 하루살이는 모두 1급수에서 사는 생물이에요. 1급수는 간단히 정수만 하면 사람이 마실 수 있는 깨끗한 물이지요. 물이 오염되면 이런 생물들은 살 수 없어요. 이처럼 환경의 오염 정도를 알려 주는 생물을 '지표종'이라고 해요.

연못 위의 스케이트 선수

"물방개와 소금쟁이는 왜 보이지 않죠?"

"그 곤충들은 3급수 정도 되는 물에 살지. 눈으로 보기에도 탁해서 바닥이 보이지 않는 물에 가면 볼 수 있어. 물이 고여 있는 연못에서도 볼 수 있고. 산 아래쪽에 큰 연못이 만들어졌던 데, 거기로 한번 가 볼까?"

"네. 소금쟁이가 스케이트 타는 모습을 꼭 보고 싶어요."

나는 건우를 데리고 산을 내려왔어요. 동네 초등학생들을 위한 생태 학습장으로 작은 공원이 들

소금쟁이

소금쟁이 발에 바른 기름 자국이 그림자로 선명하게 보인다.

물잠자리
잠자리보다 몸집이 작고, 앉을 때 날개를 접고 앉는다. 앞날개와 뒷날개의 크기가 같다.

어서는 곳이었어요. 아직 공사 중이었지만, 연못은 이미 완성되어 물을 가득 채워 두었어요. 연못 가장자리에는 물풀들이 빽빽이 자라고, 물 위에는 개구리밥과 연꽃이 둥둥 떠 있었어요. 연못은 흐르지 않고 고인 물이에요. 한눈에 봐도 산속 계곡물보다 지저분해 보였어요.

연못 위로 검은색 날개를 가진 물잠자리와 실처럼 가느다란 실잠자리가 날아다니고 있었어요. 수면에는 건우가 보고 싶어 하는 소금쟁이들이 스케이트 선수처럼 미끄럼 솜씨를 자랑하고 있었어요.

"소금쟁이다!"

나도 건우가 가는 곳으로 따라가 보았어요.

"건우야, 소금쟁이가 어떻게 물 위에 뜨는 줄 아니?"

"몸이 가벼워서 뜨는 것 아닌가요?"

"소금쟁이는 발에 기름을 바르고 다녀. 한참 관찰해 보면 소금쟁이가 입으로 발에 기름을 바르는 걸 볼 수 있어. 기름은 물에 뜨잖아. 바로 그 원리란다."

물속 폭군 물방개와 드라큘라 물장군

가지고 온 뜰채로 연못 바닥을 떠 보았어요. 피를 빨아 먹는 거머리와 우렁이가 보였어요. 다시 한 번 떠 보았더니 커다란 물방개가 뜰채에 걸려 나왔어요. 물방개는 곤충이지만 올챙이, 도롱뇽, 물고기 따위도 잡아먹지요.

건우와 나는 연못 안을 살펴보다가 놀라서 움찔했어요. 물장군이 물고기 한 마리를 다리로 움켜잡고 있었어요. 물장군이 길고 뾰족한 입을 찔러서 물고기의 체액을 빨아 먹으니 물고기가 하얗게 되는 게 아니겠어요! 이윽고 물고기는 물 위로 둥둥 떠올랐어요.

"곤충이 물고기를 잡아먹다니 믿기지가 않아요."

"건우가 놀랐구나. 물장군은 물고기뿐만 아니라 개구리와 다른 곤충들의 피도 빨아 먹지."

물맴이

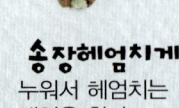

송장헤엄치게
누워서 헤엄치는 배영을 한다.

물장군

물방개
개구리처럼 뒷다리를 동시에 젓는 평영을 한다.

물자라도 보였어요. 물자라는 아버지의 사랑이 엄마의 사랑보다 큰 것 같아요. 엄마가 아빠의 등에다 알을 낳으면 아빠가 업고 다니면서 부화될 때까지 잘 돌보는 곤충이랍니다.

물방개, 물장군, 물자라, 소금쟁이는 모두 수서노린재(물에 사는 노린재)예요. 수서노린재류는 뾰족한 입과 갈고리 모양의 앞다리를 가지고 있어요. 갈고리 모양 앞다리로 사냥감을 붙잡아 뾰족한 입으로 체액을 빨아 먹는 물속 드라큘라지요. 전갈처럼 무섭다고 해서 '워터 스콜피온'으로도 불려요.

4. 할머니 댁 주말 농장에서 만나요

원두막에서 맛있는 수박을!

어머니 댁은 도회지를 벗어나 차를 타고 한 시간 남짓 가야 하는 곳이에요. 어머니는 주변 땅을 일궈 주말 농장을 차린 지 3년 정도 되었어요. 손수 가꾼 푸성귀를 먹고 일주일 가운데 하루만이라고 자연의 공기를 맘껏 마시고 싶어 하는 도시 사람들이 이 주말 농장을 이용하지요.

우리는 건우가 방학식을 한 날 바로 이곳으로 왔어요. 조금 이른 듯한 저녁밥을 먹고 주변을 돌아보며 느긋하게 저녁 시간을 보냈어요. 해가 완전히 저물자 캄캄한 어둠이 내려앉았어요.

우리는 제법 시골티가 나게 만들어 놓은 원두막에 자리를 잡고 앉았어요. 건우 엄마가 탐스러워 보이는 큼지막한 수박을 가져와 잘라 주었어요. 건우는 수박을 크게 한 입 베어 먹더니 시원하고 맛있다며 마냥 좋아했어요. 원두막에서 먹는 수박이라 더 맛있는 걸까요? 시원한 수박과 선선한 산바람이 더위를 잊게 만들었지요.

건우가 모기에 물렸는지 허벅지를 긁적거렸어요. 그러자 어머니가 원두막 한구석에 놔둔 모기향을 끌어다 불을 피우셨어요. 건우는 몸을 깨끗이 씻었는데도 모기가 자기만 문다며 투덜거렸어요.

"건우야, 모기가 좋아하는 사람들이 있단다."

"그야, 잘 씻지 않는 사람들이겠죠. 그런 사람들은 몸에서 냄새가 날 테니까 그 냄새를 맡고 날아오는 거 아니겠어요?"

"정확하게 말하면, 모기는 사람이 호흡할 때 내뱉는 이산화탄소 냄새를 맡고 찾아오는 거란다. 그러니까 이산화탄소를 많이 내뱉는 사람이 모기한테 더 잘 물리지."

"어휴, 참. 숨을 안 쉴 수도 없고."

건우의 말에 우리는 모두 웃음을 터뜨렸지요.

돌돌 말린 모기향이 반쯤 타 들어갔을 때 어디선가 날아온 곤충들이 하나둘 원두막 등불에 모여들기 시작했어요.

"아빠, 곤충들이 불빛에 몰려드는 까닭이 전부터 무척 궁금했어요."

"밤에 활동하는 야행성 곤충은 달빛이나 별빛을 기준으로 80~90도 정도의 방향으로 움직여. 그런데 달빛이나 별빛보다 밝은 전깃불을 켜면 어쩔 수 없이 그 불빛에 모여들게 돼. 불빛이 비치면 비행 솜씨가 좋은 나방들이 제일 먼저 날아오고, 시간이 지나면 비행이 서툰 사슴벌레나 풍뎅이가 날아오지. 불빛에 모인 곤충들은 등불의 온도를 따라 체온이 계속 올라가는 바람에 결국 죽게 된단다."

"아, 그래서 가로등 아래에 죽은 곤충들이 많은 거구나."

그때 붕 하는 소리를 내며 뭔가 날아오더니, 탁 소리를 내며 전등에 부딪쳤어요. 둥글게 앉은 우리들 가운데로 떨어진 장수풍뎅이가 배를 내보인 채 다리를 버둥거렸어요. 건우가 장수풍뎅이를 똑바로 놓아 주자, 이 녀석은 머리가 어질한지 잠시 머뭇거리다 날아가 버렸어요.

장수풍뎅이

관찰 일지

날짜 7월 23일 | **장소** 할머니 댁 주말 농장

관찰 대상 내 허벅지 피를 빤 모기

① 모기는 암컷만 피를 빤다. 왜? 알을 낳으려면 영양분이 필요해서
② 그럼, 수컷은 뭘 먹나? 식물의 즙이나 과즙을 빨아 먹는다.
③ 일본뇌염이나 말라리아 같은 아주 위험한 병을 옮기는 모기도 있다.
④ 신기한 모기 주둥이 : 사람의 피부에 찌르기만 해도 저절로 피가 빨려 들어간다. 빨지 않아도 된다는 거다.

다른 곤충들의 입에 대해서도 알아 보았다.

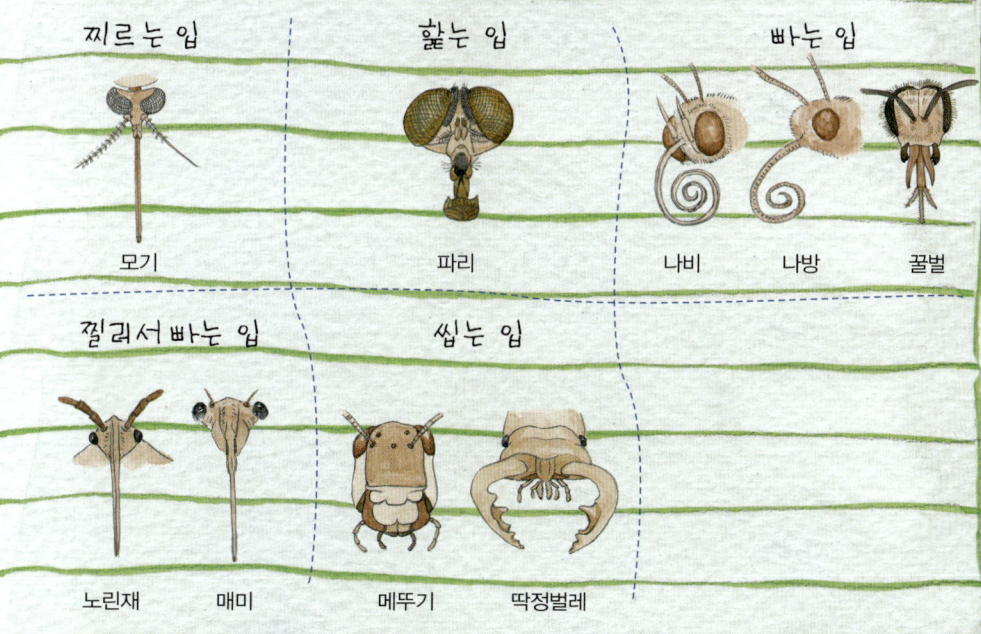

찌르는 입 — 모기
핥는 입 — 파리
빠는 입 — 나비, 나방, 꿀벌
찔러서 빠는 입 — 노린재, 매미
씹는 입 — 메뚜기, 딱정벌레

밤하늘의 별, 반딧불이

어머니 댁에서 보낸 첫날 밤은 아주 포근하고 아늑했어요. 오랜만에 꿀맛 같은 잠을 자고 일어났지요. 건우도 학교 생활과 더위에 지쳐 있었는지 너무나도 곤히 잠들어 있었어요. 내가 건우를 깨우려고 하자 어머니는 실컷 자게 그냥 두라고 하셨어요. 이날은 저녁에만 반딧불이를 보기로 했거든요.

밤이 되어 건우와 나는 광부 모자에 다는 전등을 머리에 쓰고 손에는 포충망을 들었어요. 건우가 손전등을 켰다 껐다 하며 장난을 쳤어요.

"반딧불이의 불빛보다 더 강한 손전등을 켜면 반딧불이를 볼 수 없어. 반딧불이를 먼저 발견한 뒤에 손전등을 켜야 해."

내 말에 건우는 얼른 손전등을 껐어요. 하늘을 바라보니 백조자리, 거문고자리의 별들이 아름답게 반짝이고 있었어요. 건우와 나는 별을 하나둘 세어 보았어요. 앗, 바로 그때 별안간 깜빡

거리는 불빛이 내 눈에 들어왔어요.

"건우야, 포충망 이리 줘."

나는 성큼성큼 앞으로 나아가 포충망을 휘둘렀어요. 포충망 속에서 반짝이는 불빛이 보였어요. 건우가 쪼르르 달려와서 신기해하며 포충망 속을 살폈어요.

"반딧불이가 너무 작은 걸요."

내가 잡은 건 애반딧불이였어요. 몸집이 작기 때문에 붙은 이름이지요. 애반딧불이는 논가나 물가에 살아요. 반딧불이 중에는 암컷이 못 나는 종류도 있지만, 애반딧불이는 암컷과 수컷 모두 날 수 있어요.

곤충 박사 따라잡기 — 아름다운 반딧불이

반딧불이는 개똥벌레라는 이름으로도 불렸다. 옛날에는 반딧불이가 개똥참외처럼 흔해서 개똥벌레라고 했다는 이야기가 전해진다. 중국에도 반딧불이에 얽힌 유명한 이야기가 있다. 초 한 자루 살 수 없을 정도로 가난한 선비가 열심히 글을 읽어 아주 높은 벼슬에 올랐다. 그 선비는 여름 밤에는 반딧불이를 잡아다 불을 밝히고 겨울에는 눈빛에 의지해 책을 읽었다는 것이다.

이런 이야기들을 들어 보면 옛날에는 반딧불이가 정말 많이 살았음을 짐작할 수 있다.

오늘날 반딧불이가 귀해져 보호종으로까지 지정된 까닭은 환경 개발로 서식지가 많이 파괴되었기 때문이다. 그래서 우리나라는 반딧불이가 많이 서식하는 전라북도 무주군 설천면 지역을 천연기념물로 지정해 반딧불이 보호에 힘쓰고 있다.

애반딧불이의 한살이

알 — 암컷이 한번에 60~100개의 알을 낳는다.

→ 20~35일 뒤

애벌레 — 물속에서 우렁이나 다슬기를 잡아먹고 자란다.

→ 약 25일 뒤

번데기

→ 약 50일 뒤

어른벌레 — 수컷은 짝짓기를 하고 나면 죽는다.

다 자란 반딧불이는 이슬만 먹으면서 14일 정도밖에 살지 못한다. 하지만
알, 애벌레, 번데기, 어른벌레 시기까지 모두 합하면 수명은 1년 정도 된다.
반딧불이가 불빛을 반짝이며 날아다니는 것은 짝을 찾기 위한 행동이다.
암컷은 빛을 내는 발광기가 복부 여섯 번째 마디에 1개만 있고,
수컷은 여섯 번째와 일곱 번째 마디에 하나씩, 모두 2개 있다.

수컷은 복부의 두 마디에 빛을 내는 발광기가 있다.

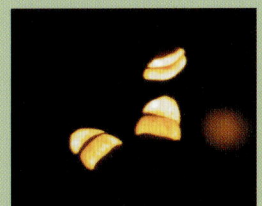
빛을 내는 두 개의 마디가 선명하게 보인다.

애반딧불이처럼 애벌레가 물속에 사는 종류도 있지만,
늦반딧불이, 파파리반딧불이의 애벌레는 육상에 산다.
먹이도 달라서, 땅에 사는 반딧불이의 애벌레는 달팽이를 먹고 산다.

애반딧불이

늦반딧불이

파파리반딧불이

함정을 파는 무시무시한 사냥꾼

"아빠, 일어나셔야죠!"

일찍 잠에서 깬 건우가 나를 마구 흔들었어요. 시계를 보니 아직 새벽 6시도 안 되었어요. 하품을 하면서 조금만 더 자자고 했지만 건우는 안 된다면서 계속 나를 흔들었어요. 오늘 갈 곳은 가까워서 조금 더 자도 된다고 해 보았지만 건우는 막무가내였어요. 나는 할 수 없이 일어나 마당으로 나왔어요.

건우와 함께 주말 농장을 한 바퀴 돌며 산책을 했어요. 일찍 일어나서 바지런히 움직여서인지 건우와 나는 배가 무척 고팠어요. 아침을 두둑하게 챙겨 먹은 다음 우리는 숲으로 출발했답니다. 30분도 채 안 걸려서 큰 산 아래 도착했어요. 우리 동네 뒷산과는 비교가 안 되는 큰 산이지요. 산 아래 골짝에는 계곡물이 흐르고 물가에는 고운 모래와 자갈돌들이 펼쳐져 있었어요.

건우는 물만 보면 물을 만난 물고기처럼 좋아했어요. 나도 손이라도 담가 보려고 물가로 걸어갔지요. 가다 말고 갑자기 발걸음을 멈추었어요. 모래밭에서 뭔가를 발견했기 때문이에요.

"건우야, 어서 여기로 와 봐. 개미귀신이야!"

물에서 달려 나온 건우에게 거꾸로 된 원뿔 모양의 구멍을 보여 주었어요.

"함정 속을 자세히 봐. 뭔가 보이지? 이게 그 유명한 개미지옥을 만드는 명주잠자리 애벌레란다. 이렇게 깔때기 모양의 함정을 파 놓고 개미나 작은 곤충들을 사냥하지."

"지옥이니 귀신이니, 이름이 으스스해요."

"그래, 개미들에게는 정말 끔찍한 지옥일 거야. 근데, 명주잠자리 애벌레 말고 개미지옥을 만드는 곤충이 하나 더 있어. 바로 길앞잡이 애벌레야. 이 두 애벌레를 개미귀신이라고 불러. 딱 어울리는 별명이지?"

다 자란 명주잠자리

다 자란 길앞잡이

명주잠자리 애벌레
깔때기 모양으로 개미지옥을 판다. 굴 속에 숨어 있다가 먹잇감이 굴 입구에 다가오면 모래를 뿌려서 굴 속으로 미끄러지게 한다.

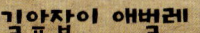

길앞잡이 애벌레
원통 모양으로 개미지옥을 판다. 굴 속에 숨어 있다가 지나가는 먹잇감을 덮친다.

시체와 똥을 처리하는 곤충

계곡물에서 숲으로 들어가는 길은 우거진 나무 때문에 어두웠고, 떨어진 나뭇잎과 잔가지가 수북이 쌓여 있었어요. 나는 걸음을 떼려다 말고 멈칫했어요. 나뭇잎 더미 아래로 동물의 사체가 보였어요. 들쥐인 것 같았어요. 건우는 까무라칠 정도로 놀라며 다른 곳으로 가자고 내 손을 잡아끌었어요. 나는 건우를 진정시키며 말했어요.

"건우야, 혹시 장의사 곤충이라고 들어 봤니?"

"아니요."

"죽은 동물이 있는 곳에 반드시 나타나는 곤충인데, 여기에도 분명히 나타날 거야."

건우는 손가락으로 코를 틀어막았지만, 내 말은 귀담아 듣는 듯했어요. 다행히 건우가 도망가기 전에 장의사 곤충이 나타나 주었어요. 들쥐의 몸통 아래에서 송장벌레가 기어 나왔지요. 송장벌레는 숲 속 동물들이 죽으면 땅속에 잘 묻어서 장례를 치르는 곤충이랍니다. 죽은 동물들의 몸은 송장벌레 애벌레의 요람이 돼요. 수컷이 시체를 땅에 묻은 다음, 거기에 페로몬을 뿌리고 춤을 춰서 암컷을 유혹하지요. 암컷이 몰려들면 짝짓기를 하고, 짝짓기가 끝나면 무덤에 알을 낳아요. 알에서 깨어난 애벌레들은 시체를 먹고 자라지요.

반날개
딱지 날개의 길이가 아주 짧아서 붙은 이름이다.

송장벌레는 종류마다 동물이나 사람의 사체에 모이는 시간이 달라요. 법의학자는 이것을 이용해 사망 시간을 알아내지요. 이처럼 사람이 사망한 시간이나 원인을 알아내는 데 이용되는 곤충을 '법의학 곤충'이라고 해요. 파리와 반날개도 법의학 곤충에 속하지요.

넉점박이송장벌레

어깨줄풍뎅이붙이
똥이나 썩은 물질에 모여든다.

산길의 호랑이 안내자

우리는 산길로 접어들었어요. 건우는 또 동물 시체를 보게 될까 봐 땅만 보고 걸었어요. 별안간, 눈앞으로 휙 하고 쏜살같이 날아가는 것이 보였어요.

"쉿! 포충망을 준비해."

나는 낮은 목소리로 건우에게 일렀어요.

둘 다 포충망을 잘 잡아 쥐고선 조용히 앞으로 걸어갔어요.

"휙!"

곤충이 날아간 게 분명했어요. 내 짐작이 맞다면 이 녀석은 '아이누길앞잡이'일 거예요. 우리에게 길을 안내하는 것처럼 앞서 가는 모양새가 틀림없어 보였어요. 건우가 포충망을 휘둘러 보았지만 잡지 못했어요. 건우가 놓친 아이누길앞잡이가 2~3미터 앞에서 보였어요. 우리가 다가서자 또 앞으로 날아가 앉았어요.

아이누길앞잡이

"얍!"

건우가 간신히 아이누길앞잡이를 잡는 데 성공했어요. 그런데 채집통에 넣을 때 길앞잡이에게 손가락을 물리고 말았어요. 길앞잡이는 애벌레인 개미귀신처럼 턱이 매우 날카로워서 손으로 잡을 때 조심해야 해요. 호랑이 같다고 해서 호랑이딱정벌레로도 불릴 정도니까요. 나는 이럴 때를 대비해 가지고 다니는 약을 꺼내 건우의 손가락에 발라 주었어요.

나무를 좋아하는 곤충들

"다음에 길앞잡이를 만나면 꼭 장갑을 끼고 관찰할 거예요."
"그래, 그것도 좋은 방법이야. 건우가 아이누길앞잡이한테 단단히 혼이 난 모양이로구나. 하하하!"
"놀려도 물러설 제가 아니죠. 어서 가요. 아빠!"
건우는 제법 용감하게 앞장서 길을 재촉했어요.
산길을 따라서 숲 속으로 계속 들어갔어요. 울창한 나무가 드리우는 그늘이 한 여름의 더위를 잊게 했어요. 산새들의 노래 소리와 매미의 울음소리가 멋진 음악이 되어 흐르고 있었어요.
저 멀리 나무더미가 쌓여 있는 곳이 보였어요. 벌채목이 잔뜩 쌓여 있었지요. 이런 곳도 곤충들의 낙원이랍니다. 이리저리 살펴볼 것도 없이 금세 하늘소 한 마리를 발견했어요. 잡아서 들어 올렸더니 끽끽 하는 울음소리를 냈어요. 하늘소는 하늘을 날아다니며 소처럼 운다고 해서 하늘소(천우)랍니다. 우리가 본 건 깨다시하늘소였어요. 몸빛깔이 나무껍질과 무척이나 닮아서 눈에 잘 띄지 않지요.

곤충들 중에는 이처럼 보호색을 띠고 있는 것이 많답니다. 하늘소뿐만 아니라 나무에 사는 곤충들은 대부분 나무껍질 색깔과 매우 닮은 것이 특징이에요. 땅에 사는 딱정벌레들은 땅처럼 갈색이나 흙색을 띠는 것이 많지요.

건우가 나무더미 아래쪽에 큰 개미들이 있다고 알려 줬어요. 건우가 말한 곳을 봤더니 그것도 하늘소였어요. 범하늘소 종류였지요. 범하늘소는 몸빛깔이 나무껍질과 비슷하고 매우 빨리 기어다니기 때문에 꼭 개미처럼 보이지요. 개미를 잡으려고 하면 번번이 놓치는 것처럼 범하늘소를 잡는 것도 쉽지 않아요.

건우와 나는 큰 나무들이 우거진 곳으로 자리를 옮겼어요. 나는 키 큰 나무를 올려다보고 있는 건우에게 '숲의 천이'에 대해 설명해 주었어요.

곤충 박사 따라잡기 — 숲의 천이

'천이'는 바뀌어 변해 간다는 뜻이다. 생태계의 천이는 아주 긴 시간 동안 일어나는 자연적인 변화를 말하고, 숲의 천이는 울창한 숲이 만들어지는 과정을 설명한다.

예를 들어, 시골에 농사를 짓지 않는 빈 땅이 있다고 치자.

이 땅에 처음에는 이름도 모를 갖가지 잡초들이 자라난다. 대개 개망초, 망초, 뚝새풀, 꽃다지, 바랭이 같은 한해살이풀이다.

어느 정도 시간이 지나면 쑥, 토끼풀, 억새 같은 여러해살이풀이 비집고 들어와 한해살이풀을 몰아낸다.

그런가 싶으면, 이제는 싸리나무, 찔레나무, 진달래 같은 떨기나무류가 자리를 잡아 나간다. 그리고 떨기나무와 비슷한 시기에 소나무과에 속하는 소나무와 잣나무가 출현해, 그 일대는 소나무 숲을 이루게 된다.

그런데 어느 틈엔가 소나무는 자신보다 크게 자라는 참나무류에게 서서히 자리를 내주기 시작한다. 갈참나무, 졸참나무, 떡갈나무, 신갈나무, 상수리나무, 굴참나무 등 참나무는 종류도 다양해 참나무가 숲의 마지막 승자가 된 듯하다.

하지만 시간이 지나면 참나무보다 더 높이 솟아오르는 박달나무 따위가 다시 숲의 주인이 된다.

한해살이풀   여러해살이풀   떨기나무

이렇게까지 변하는 데는 얼마나 긴 시간이 걸릴까?
숲의 천이는 보통 100~200년에 걸쳐 일어난다. 우리가 살아 있는 동안 천이의 전 과정을 보려면 아주 오래 살아야 하는 것이다. 그리고 숲을 잘 보존해야 하는 까닭도 여기에 있다.

상수리나무 잎 졸참나무 잎 신갈나무 잎 떡갈나무 잎

소나무   참나무   박달나무

굵직하게 잘 자란 상수리나무가 많이 있는 곳으로 갔어요. 참나무류에는 나무즙이 많이 흐른답니다. 곤충들에겐 영양 만점 먹이이지요. 나는 나무껍질이 벗겨진 나무를 찾아 보았어요.

유난히 둥치가 큰 상수리나무가 있어서 가 보니, 손바닥만 하게 나무껍질이 떨어져 나간 줄기에 나무즙이 잔뜩 엉겨 붙어 있었어요. 다른 곤충들은 보이지 않고 장수풍뎅이 한 마리가 운 좋게도 나무즙을 독차지한 걸 보니, 장수말벌은 벌써 다녀간 모양이었어요. 찬물을 마시는 데도 위아래가 있듯이 나무즙을 먹는 데도 차례가 있답니다.

사람처럼 나이 순서대로 예의를 차려 먹는 것은 아니랍니다. 당연히 힘센 곤충이 먼저 차지하지요. 그 주인공은 장수말벌, 장수풍뎅이라고 할 수 있어요. 장수말벌은 주로 낮에 활동하고,

장수말벌　　　장수풍뎅이　　　사슴벌레

왕나비　　　흰점박이꽃무지　　　왕바구미

장수풍뎅이 주로 밤에 활동하지요. 이름에 장수가 들어 있으면 힘이 세다는 뜻이라고 했지요? 게다가 장수말벌은 여러 번 계속 찌를 수 있는 무서운 침을 지니고 있으며, 풀숲의 살인자로 불리는 사마귀까지 사냥하지요.

딱딱한 갑옷과 뿔로 무장한 사슴벌레도 장수풍뎅이 못지않게 나무즙을 차지할 힘이 있지요. 그 다음 순서로는 덩치가 큰 나방을 들 수 있고, 가장 눈치를 보면서 먹는 곤충은 흰점박이꽃무지, 왕바구미, 고려나무쑤시기 들이지요.

"사슴벌레다!"

건우가 사슴벌레 수컷을 발견했어요. 사슴벌레도 뒤늦게 수액 냄새를 맡고 날아왔나 봐요.

사슴벌레와 같은 딱정벌레류는 갑옷처럼 단단한 딱지날개를 가지고 있기 때문에 갑충이라고 불려요. 딱딱한 옷을 입은 덕분에 천적으로부터 보호를 받는 대신, 날개를 자유롭게 사용할 수 없어요. 속날개 1쌍을 가지고 날아다니기는 하지만 딱지날개가 너무 무거워 나는 것이 서툴지요. 그래서 불빛에 모여드는 곤충 중 늘 꼴찌랍니다.

관찰 일지

날짜 7월 25일   **장소** 할머니 댁 근처의 큰 산

관찰 대상 사슴벌레

 사슴벌레 사진첩

사슴벌레 턱 자랑 좀 해 볼까?

사슴벌레의 암수는 턱의 크기를 비교해 보면 알 수 있다.

사슴벌레 수컷
턱이 큰 집게 모양이다.

사슴벌레 암컷
턱이 아주 작지만, 알을 낳기 위해 나무에 구멍을 뚫는 데는 수컷의 턱보다 쓸모가 있다.

넓적사슴벌레
사슴벌레 중에 가장 크다.

왕사슴벌레
왕처럼 멋있는 턱을 가졌다.

톱사슴벌레
턱에 톱니 같은 돌기가 나 있다.

애사슴벌레
이름처럼 크기가 작다.

원표애비단사슴벌레
비단처럼 화려한 청록색을 띤다.

다우리아사슴벌레

매미 합창단

"맴맴맴맴매앰!"

우리는 아까부터 자기를 알아 달라며 울어 대는 매미를 찾아보기로 했어요.

매미는 여름만 되면 제 세상이라도 된 양 목청껏 울어 대지요. 우리나라 속담에 "매미도 여름 한철."이라는 말이 있어요. 여름에 그토록 요란스럽게 울어 대던 매미도 가을이 다가오면 언제 그랬냐는 듯 감쪽같이 사라져 버리는 데서 생긴 속담이에요. 그 뜻은 누구든 왕성하게 활동할 때는 짧은 법이니, 너무 잘난 척할 필요가 없다는 거예요.

매미의 울음소리를 시끄럽다고 싫어하는 사람들이 많아요.

참매미
매미 중에 진짜 매미라는 뜻이다.
울음소리도 '맴맴'에 가장 가깝다.
'끄— 밈밈밈— 미' 하고 운다.

애매미
'씨우— 주주— 쓰와쓰와쓰
츠크츠크츠크' 하고 운다.

털매미
온몸에 잔털이 많다.
'찌— 쓰—' 하고 운다.

하지만 매미가 여름밖에 살지 못한다는 사실을 알면, 매미를 불쌍하게 여길지도 모르겠어요. '17년 매미'라는 말을 들어 보았나요? 아메리카에 서식하는 매미 중 수명이 17년인 매미를 이렇게 불러요. 그렇지만 이 매미도 애벌레 상태로 땅 속에서 17년을 지내다 어른벌레가 되어서는 여름 한 계절만을 살 수 있을 뿐이지요. 그러곤 여름 안에 짝짓기까지 마쳐야 하니, 그렇게 요란스레 울어 대는 게 오히려 당연해 보이지요.

우리나라에 서식하는 매미로는 참매미, 늦털매미, 애매미, 말매미, 유지매미, 쓰름매미, 소요산매미 따위가 있어요. 이 많은 매미들의 울음소리가 저마다 다 다른데, 소리를 내는 건 오로지 수컷이랍니다. 암컷은 소리를 낼 수 없어 벙어리매미라는 슬픈 이름을 지니고 있지요.

주말 농장을 떠나며

"할머니, 안녕히 계세요. 가을에 메뚜기 보러 올게요."

건우가 인사를 하자 어머니는 많이 아쉬워하셨어요.

"그래, 건우도 건강하고, 공부 열심히 하거라."

건우는 차 안에서 뒷 창문으로 계속 어머니를 바라보고 있었어요.

"아빠, 할머니 댁에 가을에 꼭 와요."

"그래, 자주자주 오자."

건우는 집에 도착하자마자 방학 숙제로 낼 곤충 관찰 일지를 마무리했어요. 나는 건우에게 곤충 표본 만드는 방법을 가르쳐 주었어요.

곤충 박사 따라잡기 — 딱정벌레 표본 만들기

준비물

- 끓일 물과 냄비
- 전족판: 스티로폼을 사용하면 된다. 핀이 빠지지 않도록 조직이 촘촘하고 두께가 10밀리미터를 넘는 것을 쓴다.
- 곤충핀: 굵기에 따라 0호에서 7호까지 있다. 28밀리미터에 머리 달린 바늘을 사용하는 것이 좋은데, 보통 크기의 곤충에는 3~4호가 직당하다.
- 핀셋
- 고정핀
- 표본상자

1. 부드럽게 만들기(연화)

채집한 곤충을 오랫동안 두어 딱딱하게 굳으면 표본용 침을 꽂기가 어렵다. 물에 넣고 5~10분 정도 끓여서 연화시킨다.
만약 표본이 마르지 않아서 곤충의 관절이 굳지 않았다면 바로 곤충핀 꽂기(2번 과정)부터 진행하면 된다.

2. 곤충핀 꽂기

곤충을 전족판 위에 올린다. 곤충핀은 곤충의 가슴에 꽂되, 한가운데 꽂지 않아야 한다. 가슴의 형태나 무늬가 가려지지 않게 약간 오른쪽으로 비켜 꽂는다. 곤충의 몸과 핀은 수직을 이루게 한다. 다음으로 곤충의 다리와 더듬이의 위치가 잘 잡히게 고정핀을 여러 개 꽂아 좌우 대칭으로 만든다.

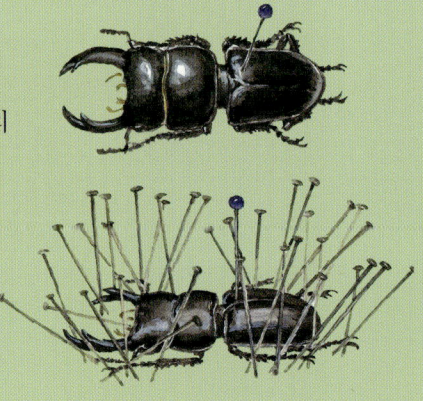

3. 건조

전족판에 잘 고정된 곤충을 건조기에 넣는다. 건조기는 섭씨 35도로 온도가 일정하게 유지되어 곤충을 잘 말릴 수 있는 기계이다. 적어도 2~3주 정도는 건조시켜야 한다. 건조기가 없으면, 밀폐가 되는 상자나 용기에 넣어 한 달 정도 충분히 말리면 된다.

4. 라벨 달기와 표본상자에 넣기

건조기에서 꺼낸 다음에는 고정핀을 다 뽑고 곤충핀 하나만 남겨 둔다. 그리고 곤충핀 아래에 라벨을 끼운다.
라벨에는 채집 지역, 채집 날짜, 채집자의 이름이 들어간다.
이렇게 하면 어디에 가도 언제, 어디서, 누가 채집한 표본인지 한눈에 알 수 있다. 곤충의 이름은 별도의 종이에 써서 붙여 주면 된다.
표본이 아주 많을 경우에는 약품을 사용해 정기적으로 소독하면 더욱 좋다.

Park. Haneul SW —— 채집 장소 : 하늘공원
13.V.2007 —— 채집 날짜 : 2007년 5월 13일
Y.S.Han —— 채집자 : 한영식

전문가가 쓴 라벨

5. 누릇누릇 가을 들판에서 만나요

가을 비행사 잠자리

곤충의 계절 여름도 거의 끝나고, 아침 저녁으로 제법 선선한 가을바람이 불어 왔어요. 나는 건우와 올해 마지막이 될 자연 학습을 계획했어요. 여름만큼 다양한 곤충을 만나기는 어렵겠지만 가을 들판에는 가을의 주인공들이 나타나니까요.

온 식구가 다시 할머니 댁을 찾았답니다. 시골 농장에는 잠자리 떼가 지천으로 날아다니고 있었어요. 가을로 접어들 무렵에는 온갖 종류의 잠자리들을 볼 수 있지요. 나는 건우를 데리고 근처 들판으로 나갔어요.

"건우야, 잠자리채를 쓰지 말고 손으로 잡아 보자."

건우는 잠자리한테 들키지 않으려고 살금살금 다가갔지만 잡으려는 순간 잠자리는 날아가 버렸어요.

"아빠가 하는 걸 잘 봐."

나는 잠자리가 겹눈으로 알아채지 못하도록 꼬리 쪽으로 살그머니 다가가 엄지와 검지로 재빨리 꼬리를 잡아챘어요. 또 한 번은 날개 끝으로 조심조심 다가가 잡았지요.

곤충은 보통 3개의 홑눈과 한 쌍의 겹눈을 가지고 있어요. 잠자리도 마찬가지예요. 홑눈으로는 사물을 볼 수 없고, 갑작스런 빛만 감지할 수 있어요. 겹눈은 수많은 낱눈으로 이루어진 눈이에요. 낱눈 하나하나가 눈이기 때문에 물체를 모자이크 모양으로 보게 되므로, 낱눈의 수가 많을수록 정밀하게 볼 수 있어요.

잠자리의 겹눈은 약 2만 8000개나 되는 낱눈이 모여 이뤄진 거예요. 게다가 눈이 머리의 절반을 차지할 정도로 매우 크고, 위아래 그리고 앞뒤로도 볼 수 있어서 시력이 아주 좋은 편이에요. 그러니까 잠자리를 잡을 때는 아주아주 기술이 좋아야 한답니다.

수많은 낱눈에 사물이 모자이크처럼 상을 맺는다.

벼가 무르익는 황금빛 논

건너편 논으로 가 보았어요. 추수를 할 즈음이 되면 논에는 물을 빼기 때문에 논바닥이 드러나 있어요. 누렇게 잘 익은 벼는 농부의 마음을 기쁘게도 하지만, 곤충들에게도 풍성한 잔칫상이 되지요.

가을 곤충들이 제 세상을 만난 듯 풀쩍풀쩍 뛰어다녔어요. 메뚜기가 눈에 띄었는데, 날지 못하고 뜀뛰기만 하는 걸로 봐서 아직 어린 메뚜기예요. 다 자란 메뚜기는 날개가 생겨서 뛰기도 하고 날기도 하지요. 어머니 동네의 논에는 농약을 뿌리지 않아서 메뚜기를 볼 수 있는 거랍니다.

"따다다닥!"

메뚜기

짝짓기 하는 방아깨비
암컷이 수컷보다 몸집이 크다. 그래서 짝짓기하는 모습을 보면 마치 암컷이 수컷을 업고 있는 것처럼 보인다.

방아깨비 수컷인 따닥깨비도 뜀박질을 하고 있었지요. 짝짓기를 하고 있는 방아깨비도 있었어요. 방아깨비는 뒷다리 두개를 손으로 잡고 있으면 방아 찧는 모습을 흉내낸다고 해서 붙여진 이름이지요. 실수로 다리 한 개를 놓치게 되면 방아깨비는 잡혀 있는 다리 하나를 떼어 버리고 도망을 가지요. 방아깨비는 잡혀 있는 것보다 다리가 하나 없는 편이 더 나은가 봐요.

　곤충계의 사냥꾼 사마귀가 먹잇감을 향해 자세를 잡고 있었어요. 작고 세모 난 얼굴에 눈이 볼록 도드라진 게 매서운 코브라를 보는 것 같았어요. 사마귀의 발은 먹이를 잡아채기에 알맞게 갈퀴 모양으로 생겨서 사냥감이 한번 걸리면 절대 빠져나갈 수 없답니다. 사마귀가 날아가는 벌을 잽싸게 낚아채 씹어 먹었

사마귀

어요. 정말 사냥 실력이 대단해요.

사마귀는 짝짓기를 하다가 갑자기 암컷이 수컷을 잡아먹기도 해요. 암컷은 힘이 다 떨어지면 알을 낳을 수 없기 때문에 영양분을 보충하려는 거지요. 사마귀의 알은 '난괴'라고 하는데 추운 겨울을 잘 견딜 수 있도록 만들어져 있어요. 이렇게 알 상태로 겨울나기를 하고 봄이 되면 작은 사마귀 모양의 애벌레가 태어나요.

베짱이와 여치는 매우 비슷하게 생겼지만 날개의 길이를 보면 구분이 가능해요. 날개가 배의 길이보다 길면 베짱이고, 비슷하거나 짧으면 여치예요. 우리나라에는 주로 실베짱이류가 많아요. 가느다랗게 생긴 실베짱이는 몸이 가늘고 다리도 긴 것이 특징이에요.

사마귀의 알인 난괴

여치

검은다리실베짱이

관찰 일지

날짜 10월 4일 | **장소** 할머니 댁 주말 농장

관찰 대상 가을 풀벌레

집 주변에서는 귀뚜라미 울음 소리만 들을 수 있었는데, 이곳에서는 다른 풀벌레들의 울음 소리도 들었다. 풀벌레들은 소리를 내는 방법도 가지가지.

 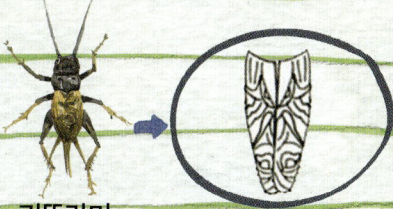

메뚜기
날개와 다리를 비벼서 소리를 낸다.

귀뚜라미
오른쪽 날개의 줄을 왼쪽 날개에 비벼서 소리를 낸다.

베짱이, 여치
왼쪽 날개의 줄을 오른쪽 날개에 비벼서 소리를 낸다.

여름이 제철인 매미는 어떻게 울까?

매미의 배 안에는 발음기가 있다.

발음기의 구조
V자 모양의 발음근이 수축하면서 진동막을 떨리게 한다. 텅빈 뱃속이 공명실 역할을 하기 때문에 그처럼 큰 울음소리를 낼 수 있는 것이다.

(공명실, 등판, 진동막, 발음근, 배)

내년 봄에 다시 만나!

저 멀리 산등성이 너머로 숨어드는 태양이 하늘을 발갛게 물들일 때쯤 우리는 집에 도착했어요.

집으로 들어가니 건우 엄마가 반갑게 맞아 주었어요.

아내는 건우에게 여름 방학에 할머니댁에 갔을 때가 더 좋았는지, 오늘이 더 좋았는지 물어보았어요. 건우는 일주일이나 머물면서 실컷 곤충을 보고 온 여름 방학 때가 더 신났다고 대답했어요. 나도 건우에게 물어보고 싶은 게 있었어요.

"건우야, 우리 주변에 얼마나 많은 곤충들이 살고 있는지 이제 알겠니?"

"네, 그럼요. 사람이 살지 않는 곳은 있어도 곤충이 살지 않는 곳은 없는 것 같아요."

"건우가 정말 중요한 사실을 깨달았구나. 함께 다닌 보람이 있는걸!"

곤충 중의 일부가 사람이나 식물, 곡식에 해를 입히는 건 사실이지만, 대부분의 곤충들은 사람과 마찬가지로 지구상에 살

고 있는 소중한 생명이에요. 곤충은 생태계에서 아주 중요한 일을 하는, 없어서는 안 될 생물이지요.

　만약 지구에서 곤충들이 모두 사라진다면 어떻게 될까요? 먼저, 곤충들을 먹고 살아가는 동물들이 모두 굶어 죽을 거예요. 뿐만 아니라 식물들도 살 수 없게 되지요. 왜냐하면 식물의 수분을 도와 열매를 맺게 해 주는 것이 바로 곤충들이지요. 그리고 곤충과 동물이 죽어서 흙에 영양분을 주어야 식물들도 무럭무럭 자랄 수 있답니다. 결국 곤충들이 사라진 지구에는 동물과 식물도 살 수 없게 되지요.

　사람들은 어떻게 될까요? 식물이 산소를 만들어 주어야 사람들이 숨을 쉬고 살 수 있지요. 그런데 식물이 모두 죽으면 사람들도 더 이상 지구에서 살 수 없지요. 결국 수많은 생명들이 어우러져 살아가는 생태계에서 곤충은 다른 동식물들이 함께 살 수 있게 해 주는 중요한 생물이랍니다.

　지구에는 100만 가지의 곤충들이 살고 있어요. 숫자도 많아서 지구 상 인구의 2억 배나 되는 곤충들이 지구를 터전으로 살지요. 사람들도 저마다 생김새가 다 다르듯 곤충들도 마찬가지예요. 그러니 계속 관찰하고 연구해도 끝이 없지요. 관찰하면 관찰할수록 다양한 곤충들의 세계가 펼쳐진답니다. 세계 어디를 가도 곤충을 만날 수 있고, 집 문 밖만 나서도 곤충들이 우리를 기다리고 있어요. 마음만 먹으면 곤충들과 친구가 되는 건 시간 문제예요. 여러분도 건우와 내가 한 것처럼 가까운 곳부터 시작해 보세요. 조그마한 곤충들이 보여 주는 멋진 자연의 세계로 떠나는 여행은 언제든 가능하니까요.

아이세움 클린포터 4 우리와 함께 살아가는 곤충이야기

펴낸날 2008년 7월 4일 초판 1쇄 | 2022년 5월 30일 초판 18쇄
지은이 한영식 | **그린이** 송병석
펴낸이 신광수 | **CS본부장** 강윤구 | **출판개발실장** 위귀영 | **출판영업실장** 백주현 | **디자인실장** 손현지
아동콘텐츠개발팀 박재영, 조희애 | **출판디자인팀** 최진아, 김가민 | **저작권 업무** 김마이, 이아람
채널영업팀 이용복, 이강원, 김선영, 우광일, 강신구, 정재욱, 박세화, 김종민, 이태영, 전지현
출판영업팀 민현기, 정슬기, 허성배, 정유, 설유상
CS지원팀 강승훈, 봉대중, 이주연, 이형배, 이은비, 전효정, 이우성
펴낸곳 (주)미래엔 | **등록** 1950년 11월 1일 제16-67호 | **주소** 서울시 서초구 신반포로 321
전화 미래엔 고객센터 1800-8890 팩스 541-8249 | **홈페이지 주소** http://www.mirae-n.com

ⓒ 한영식, 송병석 2008

ISBN 978-89-378-4463-8 74490
ISBN 978-89-378-4604-5 (세트)

파본은 구입처에서 교환해 드리며, 관련 법령에 따라 환불해 드립니다. 다만, 제품 훼손 시 환불이 불가능합니다.
이 책에 실린 사진은 한영식 선생님과 조영권 선생님(83쪽, 121쪽 물잠자리, 명주잠자리)이 제공한 것으로,
작가의 허락 없이 사용할 수 없습니다.

부록

한눈에 보는 곤충 친구들

오려서 교과 준비물로 활용하세요

이 책에 나오는 곤충 중 가장 큰 장수하늘소와 가장 작은 꽃벼룩의
크기를 비교해 보았어요.
다른 곤충들의 실제 크기도 카드 뒷면에 적혀 있으니
이 그림자와 비교해 그 크기를 가늠할 수 있어요.

꽃벼룩

장수하늘소

남생이무당벌레	큰이십팔점박이무당벌레	노랑무당벌레	칠성무당벌레
9~11mm	6.6~8.2mm	3mm	5~8.5mm

노랑나비	뿔나비	네발나비	달무리무당벌레
47~52mm	20~24mm	50~60mm	6.7~8.5mm

우리가시허리노린재	광대노린재	알락수염노린재	왕나비
10~12mm	17~20mm	11~13mm	90~100mm

톱다리개미허리노린재 약충	톱다리개미허리노린재	홍비단노린재	큰허리노린재
7~9mm	14~17mm	8~10mm	19~25mm

땅벌	여왕벌	꿀벌	다리무늬침노린재
10~19mm	16~18mm	12mm	12~16mm

왕바구미	흑바구미	털보바구미	장수말벌
15~25mm	13~15mm	7~12mm	27~44mm
상아잎벌레	열점박이별잎벌레	노랑가슴녹색잎벌레	큰남생이잎벌레
7~10mm	10~13mm	6~8mm	7~8mm
새똥하늘소	긴다리범하늘소	호랑하늘소	남색초원하늘소
6~8mm	12~16mm	15~23mm	11~17mm
무늬소주홍하늘소	붉은산꽃하늘소	긴알락꽃하늘소	꽃하늘소
14~19mm	12~22mm	12~18mm	12~17mm
장수하늘소	깨다시하늘소	국화하늘소	열두점박이꽃하늘소
66~100mm	10~17mm	6~9mm	12~17mm

흰점박이꽃무지 16~28mm	검정꽃무지 10~13mm	호랑꽃무지 9~12mm	풀색꽃무지 10~14mm
둥글먼지벌레 6~8mm	파파리반딧불이 8~10mm	늦반딧불이 15~18mm	애반딧불이 7~10mm
고마로브집게벌레 15~22mm	대유동방아벌레 14~16mm	알통다리하늘소붙이 8~12mm	꽃벼룩 2~8mm
대벌레 70~100mm	자벌레 8~13mm	꽃등에 14~15mm	왕거위벌레 8~12mm
하루살이 애벌레 8~12mm	하루살이 13~17mm (꼬리털 길이만 22~30mm)	넉점박이송장벌레 14~16mm	홍날개 7~10mm

명주잠자리 34~36mm ⓒ조영권	물잠자리 40~50mm ⓒ조영권	날도래 애벌레 8~11mm	바수염날도래 7~11mm
깃동잠자리 44~48mm	베치레잠자리 34~38mm	큰밀잠자리 51~53mm	명주잠자리 애벌레 10~30mm
소금쟁이 11~16mm	된장잠자리 37~42mm	고추좀잠자리 35~40mm	밀잠자리 32~40mm
길앞잡이 애벌레 10~20mm	길앞잡이 19~21mm	반날개 8~10mm	어깨줄풍뎅이붙이 8~11mm
송장헤엄치게 11~14mm	물장군 48~65mm	물방개 36~39mm	아이누길앞잡이 16~19mm

장수풍뎅이 30~55mm	**물땡땡이** 32~40mm	**물맴이** 6~7.5mm	**물자라** 17~20mm
톱사슴벌레 23~45mm	**왕사슴벌레** 27~53mm	**넓적사슴벌레** 20~53mm	**사슴벌레** 27~51mm
참매미 33~36mm	**다우리아사슴벌레** 11~17mm	**홍원표애비단사슴벌레** 8~11mm	**애사슴벌레** 17~31mm
방아깨비 45~75mm	**벼메뚜기** 20~36mm	**털매미** 20~25mm	**애매미** 28~35mm
왕귀뚜라미 26~32mm	**검은다리실베짱이** 23~30mm	**여치** 33~40mm	**왕사마귀** 70~90mm